JN024319

2021年版

中検4級試験問題

試験問題

［第100・101・102回］
解答と解説

一般財団法人
日本中国語検定協会 編

白帝社

■ 『中検 4 級試験問題 2021 ［100・101・102 回］』の音声ファイル
（MP3）を無料でダウンロードすることができます。
下記サイトにアクセスしてください。

http://www.hakuteisha.co.jp/audio/chuken/4-2021.html

■ 本文中の ◯ マークの箇所が音声ファイル（MP3）提供箇所です。
ファイルは ZIP 形式で圧縮された形でダウンロードされます。
会場での受験上の注意を収録したトラック 01，02，43 の番号は，
本書［問題］部分には記していません。

■ スマートフォンで音声ダウンロードと再生を行う場合の参考情報
は，p.iv をご覧ください。

■ 本書と音声は著作権法で保護されています。

ご注意

＊ 音声の再生には，MP3 ファイルが再生できる機器などが別途必
要です。
＊ ご使用機器，音声再生ソフトに関する技術的なご質問は，ハード
メーカー，ソフトメーカーにお問い合わせください。

音声ダウンロードファイルをご利用できない場合は CD をお送りしま
す。
葉書あるいはメールに必要事項（①『中検 4 級試験問題 2021 ［100・
101・102 回]』の CD 希望，②お送り先の住所，③氏名）を明記の
上，下記宛にお申し込みください。
171-0014 東京都豊島区池袋 2-65-1　白帝社 CD 係
info@hakuteisha.co.jp

まえがき

　私たちの協会はこれまで各回の試験が終わるごとに級別に試験問題の「解答解説」を発行し，また年度ごとに3回の試験問題と解答解説を合訂した「年度版」を公表してきました。これらは検定試験受験者だけでなく，広く中国語学習者や中国語教育に携わる先生方からも，大きな歓迎を受けてきましたが，ただ主として予約による直接購入制であったため，入手しにくいので一般の書店でも購入できるようにしてほしいという声が多く受験者や学習者から寄せられていました。

　その要望に応えるため，各回版と年度版のうち，「年度版」の発行を2013年度実施分より中国語テキストや参考書の発行に長い歴史と実績を有する白帝社に委ねることにしました。「各回版」の方は速報性が求められ，試験終了後直ちに発行しなければならないという制約を有するため，なお当面はこれまでどおり協会が発行し，直接取り扱うこととします。

　本書の内容は，回ごとに出題委員会が作成する解答と解説に準じていますが，各回版刊行後に気づいた不備，回ごとの解説の粗密や記述体裁の不統一を調整するとともに，問題ごとに出題のねらいや正解を導くための手順を詳しく示すなど，より学習しやすいものになるよう配慮しました。

　本書を丹念に読むことによって，自らの中国語学習における不十分なところを発見し，新しい学習方向を定めるのに役立つものと信じています。中国語学習者のみなさんが，受験準備のためだけでなく，自らの学力を確認するための目安として本書を有効に活用し，学習効果の向上を図られることを願っています。

2021年5月

一般財団法人 日本中国検定協会

本書について

　本書は，日本中国語検定協会が2020年度に実施した第100回（2020年6月），第101回（2020年11月），第102回（2021年3月）中国語検定試験の問題とそれに対する解答と解説を，実施回ごとに分けて収めたものです。リスニング問題の音声はダウンロードして聴くことができます。

問　題

・試験会場で配布される状態のものに，音声のトラック番号を 03 のように加えています。ただし，会場での受験上の注意を収録した各回のトラック01，02，43は記していません。

解答と解説

・問題の最初に，出題のポイントや正解を導くための手順を簡潔に示しています。

・4択式の解答は白抜き数字❶❷❸❹で，記述式の解答は太字で示しています。解説は問題ごとに　　　内に示しています。

・長文問題の右側の数字は，5行ごとの行数を示しています。

・リスニングの長文聴解や，筆記の長文読解の文章中の解答部分，あるいは解答を導く手掛かりとなる箇所には破線＿＿＿のアンダーラインを施しています。

・準4級・4級・3級の問題文と選択肢の文すべて（一部誤答は除く）にピンインと日本語訳例を付し，リスニング問題にはピンインと漢字表記および日本語訳を付けています。

・ピンイン表記は原則として《现代汉语词典 第7版》に従っていますが，"不""一"の声調は変調したものを示しています。

"没有"は動詞は méiyǒu，副詞は méiyou のように表記しています。

軽声と非軽声の2通りの発音がある場合は，原則として軽声の方を採用しています。例："打算 dǎ·suàn" は dǎsuan，"父亲 fù·qīn" は fùqin，"因为 yīn·wèi" は yīnwei。

方向補語は次の例のように表記しています。

動詞 "起" が方向補語 "来" を伴う場合の可能・不可能形："来" は非軽声。

起来 qǐlai　　　⇨　　起得来 qǐdelái　　　起不来 qǐbulái

（起き上がる）　　　　　（起き上がれる）　　　（起き上がれない）

動詞 "赶" が方向補語 "上" を伴う場合の可能・不可能形："上" は非軽声。

赶上 gǎnshang　　⇨　　赶得上 gǎndeshàng　　赶不上 gǎnbushàng

（追いつく）　　　　　（追いつける）　　　　（追いつけない）

複合方向補語 "起来" を伴う動詞 "拿" の可能・不可能形："起来" は非軽声。

拿起来 náqilai　　⇨　　拿得起来 nádeqǐlái　　拿不起来 nábuqǐlái

（手に取る）　　　　　（手に取れる）　　　　（手に取れない）

複合方向補語 "起来" の "起" と "来" の間に目的語が置かれる場合："起" は非軽声，"来" は軽声。

拿起书来 náqǐ shū lai ⇨　拿得起书来 nádeqǐ shū lai

（本を手に取る）　　　　（本を手に取れる）

　　　　　　　　　　　　拿不起书来 nábuqǐ shū lai

　　　　　　　　　　　　（本を手に取れない）

"上来、上去、下来、下去、出来、出去" 等はすべて上の例にならう。

・品詞名と術語は次のとおりです。

名詞　　　動詞　　　助動詞　　　形容詞　　　数詞　　　量詞（＝助数詞）

数量詞（数詞＋量詞）　　　代詞（名詞・動詞・形容詞・数量詞・副詞に代わる語）　　擬声詞（＝擬声語・擬態語）　　　副詞　　　介詞（＝前置詞）

連詞（＝接続詞）　　助詞　　　嘆詞（＝感動詞）　　　接頭辞　　　接尾辞

中国語の "状语" は状況語（連用修飾語），"定语" は限定語（連体修飾語）としています。

・音声のトラック番号は，03 のように示し，繰り返しのものを割愛しています。

解答用紙見本

・巻末にマークシート式の解答用紙の見本（70％縮小）があります。記入欄を間違えないように，解答欄の並び方を確認しましょう。

参考情報 スマートフォンで音声ダウンロードと再生を行う手順

http://www.hakuteisha.co.jp/audio/chuken/4-2021.html

・iPhone で Clipbox（解凍用アプリ）を使う場合
① App Store から Clipbox Zip をダウンロードします。
② QR コードリーダーで QR コードを読み取ります。
　URL を入力する場合は，Clipbox Zip を起動し，「ブラウザ」を選択し入力します。
③ ダウンロードしたいものを選択（タッチ）します。通信環境により，ダウンロード完了までに 15 分以上かかる場合があります。
④ 「Clipbox Zip にコピー」を選択→出てきた Zip を選択→「解凍します」を選択。
⑤ 聞きたいトラック番号を選択して，音声を再生します。

・iPhone で Easy Zip（解凍用アプリ）を使う場合
① App Store から Easy Zip をダウンロードします。
② QR コードリーダーで QR コードを読み取ります。
　URL を入力する場合は，Easy Zip を起動し，「ブラウザ」を選択し入力します。
③ ダウンロードしたいものを選択（タッチ）します。通信環境により，ダウンロード完了までに 15 分以上かかる場合があります。
④ 「"Easy Zip" で開く」を選択→出てきた Zip を選択→「解凍します」を選択。黄色いフォルダが作成されます。
⑤ 聞きたいトラック番号を選択して，音声を再生します。

・Android で Clipbox+（解凍用アプリ）を使う場合
① Play ストアから Clipbox+ をダウンロードします。
② QR コードリーダーで QR コードを読み取り，Clipbox+ を使用して音声ダウンロードページを開きます。URL を入力する場合は，Clipbox+ を起動し，「クリップ」→「ブラウザ」を選択し入力します。
③ ダウンロードしたいものを選択（タッチ）します。
④ 「クリップ」→「OK」（→「キャンセル」）を選択します。画面上で変化はありませんが，ダウンロードが始まっています。通信環境により，ダウンロード完了までに 15 分以上かかる場合があります。
⑤ 左上の「＜ ブラウザ」をタッチして TOP に戻り，保存場所（通常は「マイコレクション」）を選択します。③で選択した Zip が無い場合，まだダウンロードが完了していません。完了すると Zip が現れます。
⑥ Zip を選択すると「解凍しますか」が表示され，「OK」を選択すると，解凍された mp3 ファイルが現れます。
⑦ 聞きたいトラック番号を選択して，音声を再生します。

目　次

第100回
(2020年6月)

03 **1** (1)～(10)の問いを聞き，答えとして最も適当なものを，それぞれ①～④の中から1つ選び，その番号を解答欄にマークしなさい。　　　　(50点)

04　(1)
　　　① 　　　　② 　　　　③ 　　　　④

05　(2)
　　　① 　　　　② 　　　　③ 　　　　④

06　(3)
　　　① 　　　　② 　　　　③ 　　　　④

07　(4)
　　　① 　　　　② 　　　　③ 　　　　④

08　(5)
　　　① 　　　　② 　　　　③ 　　　　④

09　(6)
　　　① 　　　　② 　　　　③ 　　　　④

10　(7)
　　　① 　　　　② 　　　　③ 　　　　④

11　(8)
　　　① 　　　　② 　　　　③ 　　　　④

12　(9)
　　　① 　　　　② 　　　　③ 　　　　④

13　(10)
　　　① 　　　　② 　　　　③ 　　　　④

14 **2** 中国語を聞き，(1)〜(10)の問いの答えとして最も適当なものを，それぞれ①〜④の
中から1つ選び，その番号を解答欄にマークしなさい。　　　　　　　　(50点)

15
22
┌─────────┐
│ メモ欄 │
└─────────┘

16
23

(1)〜(5)の問いは音声のみで，文字の印刷はありません。

17
24　　　① 　　　　　　② 　　　　　　③ 　　　　　　④
(1)

18
25　　　① 　　　　　　② 　　　　　　③ 　　　　　　④
(2)

19
26　　　① 　　　　　　② 　　　　　　③ 　　　　　　④
(3)

20
27　　　① 　　　　　　② 　　　　　　③ 　　　　　　④
(4)

21
28　　　① 　　　　　　② 　　　　　　③ 　　　　　　④
(5)

メモ欄

(6) 中山是什么时候来中国的?
　　① 　　　　　　② 　　　　　　③ 　　　　　　④

(7) 中山每天几点起床，几点上课?
　　① 　　　　　　② 　　　　　　③ 　　　　　　④

(8) 中山每天上午上几个小时课?
　　① 　　　　　　② 　　　　　　③ 　　　　　　④

(9) 王丽买了什么?
　　① 　　　　　　② 　　　　　　③ 　　　　　　④

(10) 晚上她们做什么了?
　　① 　　　　　　② 　　　　　　③ 　　　　　　④

1 1. (1)～(5)の中国語で声調の組み合わせが<u>他と異なるもの</u>を，それぞれ①～④の中から1つ選び，その番号を解答欄にマークしなさい。 (10点)

(1)　　　　① 上班　　② 国家　　③ 汽车　　④ 大声

(2)　　　　① 高兴　　② 商店　　③ 工作　　④ 听说

(3)　　　　① 明年　　② 杂志　　③ 学校　　④ 城市

(4)　　　　① 桌子　　② 舒服　　③ 太阳　　④ 休息

(5)　　　　① 银行　　② 词典　　③ 游泳　　④ 苹果

2. (6)～(10)の中国語の正しいピンイン表記を，それぞれ①～④の中から1つ選び，その番号を解答欄にマークしなさい。 (10点)

(6) 樱花　　① yīnghuá　② yīnhuā　③ yīnghuā　④ yīnhuá

(7) 照相　　① shàoxiàng　② zhàoxiàng　③ shàoxiào　④ zhàoxiào

(8) 啤酒　　① píqiú　② bījiǔ　③ bīqiú　④ píjiǔ

(9) 感冒　　① gǎnmào　② kānmào　③ gǎnbào　④ kānbào

(10) 方便　　① hángbiàn　② fāngbiàn　③ hángpián　④ fāngpián

2 (1)〜(10)の文の空欄を埋めるのに最も適当なものを，それぞれ①〜④の中から1つ
選び，その番号を解答欄にマークしなさい。

(20点)

(1) 这（　　　）裤子是新买的。
　①　本　　　　　②　只　　　　　③　条　　　　　④　件

(2) 你（　　　）中国茶感兴趣吗？
　①　对　　　　　②　到　　　　　③　在　　　　　④　给

(3) 你等一会儿去吧。现在下（　　　）雪呢。
　①　着　　　　　②　得　　　　　③　过　　　　　④　了

(4) 我的房间（　　　）你的房间那么干净。
　①　比　　　　　②　没有　　　　③　不　　　　　④　不是

(5) 车站（　　　）我们学校不太远，五分钟就到了。
　①　向　　　　　②　从　　　　　③　往　　　　　④　离

(6) （　　　）买了，家里还有很多呢。
　①　慢　　　　　②　快　　　　　③　别　　　　　④　没

(7) （　　　）起飞了，你怎么还在玩儿手机呀？
　①　才　　　　　②　要　　　　　③　会　　　　　④　也

(8) 今年的樱花开得早，三月中旬（　　　）开了。
　①　再　　　　　②　还是　　　　③　刚才　　　　④　就

(9) 佛教传入日本（　　　）了？
　①　多长时间　　②　什么时候　　③　几个小时　　④　多少公里

(10) 刘老师今天不在，你明天（　　　）来吧。
　①　又　　　　　②　再　　　　　③　没　　　　　④　才

6

3 1. (1)～(5)の日本語の意味に合う中国語を，それぞれ①～④の中から1つ選び，その番号を解答欄にマークしなさい。 (10点)

(1) 机の上にテレビが1台ある。
　　① 桌子上电视有一台。
　　② 一台电视有桌子上。
　　③ 桌子上有一台电视。
　　④ 一台电视桌子上有。

(2) あなたは中国映画を何回観たことがありますか。
　　① 你几次看过中国电影?
　　② 你看过几次中国电影?
　　③ 你看过中国几次电影?
　　④ 你中国电影几次看过?

(3) わたしたちはあす早めに出発しましょう。
　　① 我们明天早一点儿出发吧。
　　② 明天我们一点儿早出发吧。
　　③ 我们明天出发一点儿早吧。
　　④ 明天我们一点儿出发早吧。

(4) 彼は毎日自転車で学校に来る。
　　① 他每天来学校骑自行车。
　　② 他每天骑自行车来学校。
　　③ 他来学校骑自行车每天。
　　④ 他骑自行车每天学校来。

(5) 母はわたしにたくさんの料理を作ってくれた。
　　① 妈妈做了给我很多菜。
　　② 妈妈给我很多菜做了。
　　③ 妈妈做了菜很多给我。
　　④ 妈妈给我做了很多菜。

第100回　問題［筆記］

7

2. (6)～(10)の日本語の意味になるように，それぞれ①～④を並べ替えたとき，[　　]
内に入るものはどれか，その番号を解答欄にマークしなさい。　　　　　　　(10点)

(6) わたしは毎年ふるさとに帰ります。

我＿＿＿＿＿＿ ＿＿＿＿＿＿ [＿＿＿＿＿] ＿＿＿＿＿＿。

① 都　　　　② 毎年　　　　③ 故乡　　　　④ 回

(7) 運動会は何時に終わりますか。

＿＿＿＿＿＿ ＿＿＿＿＿＿ [＿＿＿＿＿] ＿＿＿＿＿＿?

① 几点　　　② 运动会　　　③ 结束　　　④ 到

(8) 父はわたしに車を運転させない。

爸爸＿＿＿＿＿＿ [＿＿＿＿＿] ＿＿＿＿＿＿ ＿＿＿＿＿＿。

① 让　　　　② 开车　　　　③ 不　　　　④ 我

(9) わたしは友達と一緒に動物園に行きます。

我[＿＿＿＿＿] ＿＿＿＿＿＿ ＿＿＿＿＿＿ ＿＿＿＿＿＿动物园。

① 一起　　　② 跟　　　　③ 去　　　　④ 朋友

(10) 張先生がわたしたちに中国語会話を教えてくださいます。

＿＿＿＿＿＿ ＿＿＿＿＿＿ [＿＿＿＿＿] ＿＿＿＿＿＿。

① 教　　　　② 张老师　　　③ 汉语会话　　　④ 我们

4 次の文章を読み，(1)〜(6)の問いの答えとして最も適当なものを，それぞれ①〜④
の中から1つ選び，その番号を解答欄にマークしなさい。 (20点)

中国大学的新学年从9月1日开始。8月下旬的一天，有一个农村来的女
生从火车站坐出租车到北京大学办理入学手续。

她带着两个旅行箱，还有一个大背包。出租车不能进校园，她只好在学校
的门口下 (1) 车，自己拿行李。 (2) ，办理入学手续的地方在校园的最
后面，非常远，她一个人拿不动^{注)}。这时候，从前面来了一个老人，(3)看他穿
的衣服，好像是学校食堂的厨师。女生对他说："老大爷，我是从农村来的新
生。行李太多，我自己拿不动，您能帮我 (4) 吗？"老人笑着说："没问
题，走吧！"就拉着她的大旅行箱，先和她一起到办入学手续的地方，办完手
续以后，又帮她拿到了学生宿舍。

过了几天，学校举行新学年的开学典礼，女生看到帮自己拿行李的老人坐
(5) 台上。原来，他是北京大学的副校长，中外有名的学者季羡林教授。

注）拿不动：持てない，運べない

(1) 空欄(1)を埋めるのに適当なものは，次のどれか。
   ① 过　　　　　② 着　　　　　③ 的　　　　　④ 了

(2) 空欄(2)を埋めるのに適当なものは，次のどれか。
   ① 可是　　　　② 为了　　　　③ 因为　　　　④ 所以

(3) 下線部(3)の意味として適当なものは，次のどれか。
   ① 大学の食堂のコックは，彼の着ている服を見ているようであった。
   ② 彼の着ている服から見ると，大学の食堂のコックのようであった。
   ③ 彼はちょうど大学の食堂のコックの服を着ているところであった。
   ④ 大学の食堂のコックの服は，彼のとちょうど同じであった。

(4) 空欄(4)を埋めるのに適当なものは，次のどれか。
   ① 一点儿　　　② 一下　　　　③ 一个　　　　④ 一块儿

9

(5) 空欄(5)を埋めるのに適当なものは，次のどれか。

    ① 向   ② 从   ③ 往   ④ 在

(6) 本文の内容と一致するものは，次のどれか。

    ① 女生不知道在哪儿办入学手续，所以请老人帮助。

    ② 刚进校园时，女生不知道老人是谁。

    ③ 老人帮女生拿了两个旅行箱。

    ④ 女生在学生宿舍办了入学手续。

5　(1)～(5)の日本語を中国語に訳し，漢字（簡体字）で解答欄に書きなさい。

  （漢字は崩したり略したりせずに書き，文中・文末には句読点や疑問符をつけること。）

（20点）

(1) きょうはとても暖かい。

(2) あなたの誕生日は何月何日ですか。

(3) 祖母は毎晩 10 時に寝ます。

(4) わたしは朝食を食べませんでした。

(5) 彼はスーパーでアルバイトをしています。

1 会 話

解答：(1) ❸ (2) ❹ (3) ❶ (4) ❷ (5) ❸ (6) ❹ (7) ❸ (8) ❶ (9) ❷ ⑽ ❸

日常会話でよく使われる問いに対し，正確に答えることができるかどうかを問うています。

(5 点 × 10)

04 (1) 問：你喜欢喝咖啡吗?　　　　　　　　　あなたはコーヒーが好きですか。
　　　　Nǐ xǐhuan hē kāfēi ma?

　　答：① 他喜欢喝咖啡。　　　　　　　　彼はコーヒーが好きです。
　　　　　Tā xǐhuan hē kāfēi.

　　　　② 我喜欢吃面条儿。　　　　　　　わたしは麺が好きです。
　　　　　Wǒ xǐhuan chī miàntiáor.

　　　❸ 我不喜欢喝咖啡。　　　　　　　わたしはコーヒーが好きではありません。
　　　　　Wǒ bù xǐhuan hē kāfēi.

　　　　④ 他不喜欢吃饺子。　　　　　　　彼はギョーザが好きではありません。
　　　　　Tā bù xǐhuan chī jiǎozi.

05 (2) 問：她去过中国吗?　　　　　　　　　彼女は中国に行ったことがありますか。
　　　　Tā qùguo Zhōngguó ma?

　　答：① 她吃过很多日本菜。　　　　　　彼女はたくさんの日本料理を食べたことがあります。
　　　　　Tā chīguo hěn duō Rìběn cài.

　　　　② 她没去过美国。　　　　　　　　彼女はアメリカに行ったことがありません。
　　　　　Tā méi qùguo Měiguó.

　　　　③ 她吃过麻婆豆腐。　　　　　　　彼女はマーボー豆腐を食べたことがあります。
　　　　　Tā chīguo mápó dòufu.

　　　❹ 她去过北京和上海。　　　　　　彼女は北京と上海に行ったことがあります。
　　　　　Tā qùguo Běijīng hé Shànghǎi.

06 (3) 問：你哥哥今年多大?　　　　　　　　あなたのお兄さんは今年何歳ですか。
　　　　Nǐ gēge jīnnián duō dà?

　　答：❶ 他今年 25 岁。　　　　　　　　兄は今年 25 歳です。
　　　　　Tā jīnnián èrshiwǔ suì.

② 我今年 18 岁。　　　　　　　わたしは今年 18 歳です。
　　Wǒ jīnnián shíbā suì.

③ 我家有四口人。　　　　　　　わたしの家は 4 人家族です。
　　Wǒ jiā yǒu sì kǒu rén.

④ 他有两个孩子。　　　　　　　兄には子どもが 2 人います。
　　Tā yǒu liǎng ge háizi.

07 (4) 問：你想学英语，还是想学汉语?　あなたは英語を学びたいですか，
　　Nǐ xiǎng xué Yīngyǔ, háishi xiǎng xué　それとも中国語を学びたいです
　　Hànyǔ?　　　　　　　　　　　　か。

　　答：① 我想去英国。　　　　　　わたしはイギリスに行きたい。
　　　　Wǒ xiǎng qù Yīngguó.

　　❷ 我想学汉语。　　　　　　　わたしは中国語を学びたい。
　　　　Wǒ xiǎng xué Hànyǔ.

　　③ 我想去中国。　　　　　　　わたしは中国に行きたい。
　　　　Wǒ xiǎng qù Zhōngguó.

　　④ 我不想学日语。　　　　　　わたしは日本語を学びたくない。
　　　　Wǒ bù xiǎng xué Rìyǔ.

08 (5) 問：这台电脑多少钱?　　　　　このパソコンはいくらですか。
　　Zhèi tái diànnǎo duōshao qián?

　　答：① 这台电脑有点儿大。　　　このパソコンは少し大きい。
　　　　Zhèi tái diànnǎo yǒudiǎnr dà.

　　② 我要这台电视机。　　　　　わたしはこのテレビがほしい。
　　　　Wǒ yào zhèi tái diànshìjī.

　　❸ 这台电脑 2899 元。　　　　　このパソコンは 2899 元です。
　　　　Zhèi tái diànnǎo liǎngqiān bābǎi
　　　　jiǔshíjiǔ yuán.

　　④ 他不要这台电脑。　　　　　彼はこのパソコンがほしくない。
　　　　Tā bú yào zhèi tái diànnǎo.

09 (6) 問：你在哪儿吃午饭?　　　　　あなたはどこで昼ごはんを食べま
　　Nǐ zài nǎr chī wǔfàn?　　　　　すか。

　　答：① 他在家吃早饭。　　　　　彼は家で朝ごはんを食べます。
　　　　Tā zài jiā chī zǎofàn.

② 我在商店买东西。
Wǒ zài shāngdiàn mǎi dōngxi.

わたしは店で買い物をします。

③ 他在教室上课。
Tā zài jiàoshì shàngkè.

彼は教室で授業を受けています。

❹ 我在食堂吃午饭。
Wǒ zài shítáng chī wǔfàn.

わたしは食堂で昼ごはんを食べます。

10 (7) 問：你家离公司远不远？
Nǐ jiā lí gōngsī yuǎn bu yuǎn?

あなたの家は会社から遠いですか。

答：① 我家离学校不远。
Wǒ jiā lí xuéxiào bù yuǎn.

わたしの家は学校から遠くありません。

② 她家附近有医院。
Tā jiā fùjìn yǒu yīyuàn.

彼女の家の近くに病院があります。

❸ 我家离公司很近。
Wǒ jiā lí gōngsī hěn jìn.

わたしの家は会社からとても近いです。

④ 银行离公司很远。
Yínháng lí gōngsī hěn yuǎn.

銀行は会社からとても遠いです。

11 (8) 問：他星期几去打工？
Tā xīngqī jǐ qù dǎgōng?

彼は何曜日にアルバイトに行きますか。

答：❶ 他星期二和星期四去打工。
Tā xīngqī'èr hé xīngqīsì qù dǎgōng.

彼は火曜日と木曜日にアルバイトに行きます。

② 我一个星期去两次。
Wǒ yí ge xīngqī qù liǎng cì.

わたしは1週間に2回行きます。

③ 他星期六不去学校。
Tā xīngqīliù bú qù xuéxiào.

彼は土曜日は学校に行きません。

④ 我们明天去打乒乓球。
Wǒmen míngtiān qù dǎ pīngpāngqiú.

わたしたちはあした卓球をしに行きます。

12 (9) 問：图书馆几点关门？
Túshūguǎn jǐ diǎn guānmén?

図書館は何時に閉まりますか。

答：① 早上九点开门。
Zǎoshang jiǔ diǎn kāimén.

朝9時に開きます。

❷ 晚上八点关门。
Wǎnshang bā diǎn guānmén.

夜8時に閉まります。

13

③ 我每天都在图书馆学习。
Wǒ měi tiān dōu zài túshūguǎn xuéxí.

わたしは毎日図書館で勉強します。

④ 图书馆里有很多书。
Túshūguǎn li yǒu hěn duō shū.

図書館には本がたくさんあります。

13 (10) 問：我有一个弟弟，你呢?
Wǒ yǒu yí ge dìdi, nǐ ne?

わたしは弟が1人いますが，あなたは？

答：① 我妹妹今年高中二年级。
Wǒ mèimei jīnnián gāozhōng èr niánjí.

わたしの妹は今年高校2年生です。

② 我哥哥在银行工作。
Wǒ gēge zài yínháng gōngzuò.

わたしの兄は銀行で働いています。

❸ 我没有兄弟姐妹。
Wǒ méiyǒu xiōngdì jiěmèi.

わたしは兄弟がいません。

④ 我姐姐是大学生。
Wǒ jiějie shì dàxuéshēng.

わたしの姉は大学生です。

---

2 長文聴解

解答：(1)❷ (2)❹ (3)❹ (4)❶ (5)❸ (6)❷ (7)❹ (8)❸ (9)❷ (10)❹

まとまった分量の中国語を理解できるかどうかを問うています。
久し振りに会った村上さんと李明さんが夏休みの予定について話しています。

(5点×10)

15 A：村上，好久不见!
Cūnshàng, hǎojiǔ bújiàn!

B：李明，你好!
Lǐ Míng, nǐ hǎo!

A：最近我在学校怎么没看到你呀?
Zuìjìn wǒ zài xuéxiào zěnme méi kàndào nǐ ya?

B：我去台湾留学了，刚回来。
Wǒ qù Táiwān liúxué le, gāng huílai. 5

A：马上要放暑假了，暑假你打算做什么?
Mǎshàng yào fàng shǔjià le, shǔjià nǐ dǎsuan zuò shénme?

B：(1)(2)我想坐船去中国旅游。
Wǒ xiǎng zuò chuán qù Zhōngguó lǚyóu.

A：坐船去！为什么不坐飞机呀？　　Zuò chuán qù! Wèi shénme bú zuò 　10
　　　　　　　　　　　　　　　　　　　 fēijī ya?

B：上次是坐飞机去的，这次想坐船。　Shàng cì shì zuò fēijī qù de, zhèi cì
　　　　　　　　　　　　　　　　　　　 xiǎng zuò chuán.

16 A：上次是什么时候去的？　　　　　 Shàng cì shì shénme shíhou qù de?

B：(3)高中的时候，跟同学一起去的。　Gāozhōng de shíhou, gēn tóngxué yìqǐ 　15
　　　　　　　　　　　　　　　　　　　 qù de.

A：这次跟谁一起去？　　　　　　　 Zhèi cì gēn shéi yìqǐ qù?

B：(4)跟我姐姐一起去。　　　　　　　Gēn wǒ jiějie yìqǐ qù.

A：你们想去中国的什么地方？　　　 Nǐmen xiǎng qù Zhōngguó de shénme
　　　　　　　　　　　　　　　　　　　 dìfang?　　20

B：(5)我们先到上海，然后去苏州。　　Wǒmen xiān dào Shànghǎi, ránhòu qù
　　　　　　　　　　　　　　　　　　　 Sūzhōu.

A：不去南京吗？　　　　　　　　　 Bú qù Nánjīng ma?

B：去。我朋友家在南京，(5)到苏州以后　Qù. Wǒ péngyou jiā zài Nánjīng, dào
　　再去南京。　　　　　　　　　　 Sūzhōu yǐhòu zài qù Nánjīng.　25

訳：

A：村上さん，お久しぶりです。

B：李明さん，こんにちは。

A：最近学校であなたを見かけなかったですね。

B：わたしは台湾に留学に行き，戻ってきたばかりです。

A：もうすぐ夏休みですが，夏休みは何をする予定ですか。

B：(1)(2)船で中国に旅行に行くつもりです。

A：船で行くのですか。飛行機で行かないのですか。

B：前回行った時は飛行機だったので，今回は船で行きたいのです。

A：前回はいつ行ったのですか。

B：(3)高校生の時に，同級生と一緒に行ったのです。

A：今回は誰と一緒に行くのですか。

B：(4)姉と一緒に行きます。

A：中国のどこへ行きたいと思っていますか。

B：(5)まずは上海に行って，その後蘇州に行きます。

A：南京には行かないのですか。

B：行きます。わたしの友達の家が南京にあるので，(5)蘇州に行った後に南京

に行きます。

17 (1) 問：今年的暑假，村上打算做什么？ 今年の夏休み，村上さんは何をす
Jīnnián de shǔjià, Cūnshàng dǎsuan zuò る予定ですか。
shénme?

答：① 去台湾留学。Qù Táiwān liúxué. 台湾へ留学に行く。

❷ 去旅游。 Qù lǚyóu. 旅行に行く。

③ 去学校看书。Qù xuéxiào kàn shū. 学校に本を読みに行く。

④ 去父母家。 Qù fùmǔ jiā. 両親の家に行く。

18 (2) 問：村上打算怎么去中国？ 村上さんはどのようにして中国に
Cūnshàng dǎsuan zěnme qù Zhōngguó? 行くつもりですか。

答：① 先坐飞机，然后坐船。 まず飛行機に乗って，それから船
Xiān zuò fēijī, ránhòu zuò chuán. に乗る。

② 先坐船，然后坐飞机。 まず船に乗って，それから飛行機
Xiān zuò chuán, ránhòu zuò fēijī. に乗る。

③ 坐飞机去。 飛行機で行く。
Zuò fēijī qù.

❹ 坐船去。 船で行く。
Zuò chuán qù.

19 (3) 問：村上以前是什么时候去中国的？ 村上さんは以前いつ中国に行った
Cūnshàng yǐqián shì shénme shíhou qù のですか。
Zhōngguó de?

答：① 大学的时候。Dàxué de shíhou. 大学の時。

② 小学的时候。Xiǎoxué de shíhou. 小学校の時。

③ 初中的时候。Chūzhōng de shíhou. 中学校の時。

❹ 高中的时候。Gāozhōng de shíhou. 高校の時。

20 (4) 問：今年暑假，村上跟谁一起去中国？ 今年の夏休みに，村上さんは誰と
Jīnnián shǔjià, Cūnshàng gēn shéi yìqǐ 一緒に中国に行きますか。
qù Zhōngguó?

答：❶ 姐姐。Jiějie. 姉。 ② 父母。Fùmǔ. 両親。

③ 同学。Tóngxué. 同級生。 ④ 李明。Lǐ Míng. 李明。

16

21 (5) 問：村上这次都去中国的什么地方？　　村上さんは今回中国のどこに行きますか。

Cūnshàng zhèi cì dōu qù Zhōngguó de shénme dìfang?

　　答：① 上海和苏州。　　　　　　　　　上海と蘇州。
　　　　　　Shànghǎi hé Sūzhōu.

　　　　② 上海和南京。　　　　　　　　　上海と南京。
　　　　　　Shànghǎi hé Nánjīng.

　　　　❸ 上海、苏州、南京。　　　　　　上海，蘇州，南京。
　　　　　　Shànghǎi、Sūzhōu、Nánjīng.

　　　　④ 苏州和南京。　　　　　　　　　蘇州と南京。
　　　　　　Sūzhōu hé Nánjīng.

北京の大学で中山さんが留学生活を楽しむ様子が語られています。

29　　我叫中山优美。(6)去年九月，我来中国留学，现在在北京的一所大学里学习汉语。(7)我每天六点半起床，八点开始上课。(8)上午上三个小时的课，下午上两个小时的课。晚上要做作业，还要准备第二天的课。每天十二点才能睡觉。

30　　王丽是我的好朋友，她在大学里学习日语，我们经常在一起学习，她教 5 我汉语，我教她日语。今天是星期六，没有课。上午我和王丽一起去买东西。我买了两件衣服，(9)她买了一双鞋。中午我们一起去咖啡馆，我喝了一杯咖啡，吃了两块蛋糕。王丽喝了一杯红茶，吃了一个面包。(10)晚上，我们一起去唱了卡拉ＯＫ，玩儿得非常高兴，很晚才回家。

　　Wǒ jiào Zhōngshān Yōuměi. Qùnián jiǔyuè, wǒ lái Zhōngguó liúxué, xiànzài zài Běijīng de yì suǒ dàxué li xuéxí Hànyǔ. Wǒ měi tiān liù diǎn bàn qǐchuáng, bā diǎn kāishǐ shàngkè. Shàngwǔ shàng sān ge xiǎoshí de kè, xiàwǔ shàng liǎng ge xiǎoshí de kè. Wǎnshang yào zuò zuòyè, hái yào zhǔnbèi dì-èr tiān de kè. Měi tiān shí'èr diǎn cái néng shuìjiào.

　　Wáng Lì shì wǒ de hǎo péngyou, tā zài dàxué li xuéxí Rìyǔ, wǒmen jīngcháng zài yìqǐ xuéxí, tā jiāo wǒ Hànyǔ, wǒ jiāo tā Rìyǔ. Jīntiān shì xīngqīliù, méiyǒu kè. Shàngwǔ wǒ hé Wáng Lì yìqǐ qù mǎi dōngxi. Wǒ mǎile liǎng jiàn yīfu, tā mǎile yì shuāng xié. Zhōngwǔ wǒmen yìqǐ qù kāfēiguǎn, wǒ hēle yì bēi kāfēi, chīle liǎng kuài dàngāo. Wáng Lì hēle yì bēi hóngchá, chīle yí ge miànbāo. Wǎnshang, wǒmen yìqǐ qù chàngle kǎlā OK, wánrde fēicháng gāoxìng, hěn wǎn cái huí jiā.

訳：わたしは中山優美と言います。(6)去年の9月に，中国に留学に来て，北京のある大学で中国語を勉強しています。(7)わたしは毎日6時半に起きて，8時に授業が始まります。(8)午前中3時間，午後は2時間授業を受けます。夜は宿題をしなければならず，その上翌日の授業の準備もしなければなりません。毎日12時にやっと眠れます。

　王麗さんはわたしの仲のよい友達で，彼女は大学で日本語を勉強しています。わたしたちはよく一緒に勉強していて，彼女はわたしに中国語を，わたしは彼女に日本語を教えます。きょうは土曜日で，授業がありません。午前中わたしは王麗さんと一緒に買い物に行きました。わたしは服を2着買って，(9)王麗さんは靴を1足買いました。昼，わたしたちは一緒にカフェに行って，わたしはコーヒーを飲んで，ケーキを2つ食べました。王麗さんは紅茶を飲んで，パンを1つ食べました。(10)夜，わたしたちは一緒にカラオケに行って歌い，たいへん楽しく遊び，とても遅くにようやく帰宅しました。

31 (6) 問：中山是什么时候来中国的？　　　　　中山さんはいつ中国に来たのですZhōngshān shì shénme shíhou lái　　　　か。
Zhōngguó de?

　　答：① 今年九月。Jīnnián jiǔyuè.　　　　今年の9月。

　　　　❷ 去年九月。Qùnián jiǔyuè.　　　　去年の9月。

　　　　③ 今年六月。Jīnnián liùyuè.　　　　今年の6月。

　　　　④ 去年八月。Qùnián bāyuè.　　　　去年の8月。

32 (7) 問：中山每天几点起床，几点上课？　　　中山さんは毎日何時に起きて，何Zhōngshān měi tiān jǐ diǎn qǐchuáng, jǐ　　時に授業が始まりますか。
diǎn shàngkè?

　　答：① 六点起床，八点半上课。　　　　6時に起きて，8時半に授業が始
　　　　　Liù diǎn qǐchuáng, bā diǎn bàn　　　まる。
　　　　　shàngkè.

　　　　② 八点起床，十二点上课。　　　　8時に起きて，12時に授業が始ま
　　　　　Bā diǎn qǐchuáng, shí'èr diǎn　　　る。
　　　　　shàngkè.

　　　　③ 六点半起床，八点半上课。　　　　6時半に起きて，8時半に授業が
　　　　　Liù diǎn bàn qǐchuáng, bā diǎn bàn　始まる。
　　　　　shàngkè.

❹ 六点半起床，八点上课。
Liù diǎn bàn qǐchuáng, bā diǎn shàngkè.

6時半に起きて，8時に授業が始まる。

33 (8) 問：中山每天上午上几个小时课？
Zhōngshān měi tiān shàngwǔ shàng jǐ ge xiǎoshí kè?

中山さんは毎日午前中何時間授業を受けますか。

答：① 一个小时。　　Yí ge xiǎoshí.　　1時間。

② 两个小时。　　Liǎng ge xiǎoshí.　　2時間。

❸ 三个小时。　　Sān ge xiǎoshí.　　3時間。

④ 四个小时。　　Sì ge xiǎoshí.　　4時間。

34 (9) 問：王丽买了什么？
Wáng Lì mǎile shénme?

王麗さんは何を買いましたか。

答：① 两个面包。　　Liǎng ge miànbāo.　　パンを2つ。

❷ 一双鞋。　　Yì shuāng xié.　　靴を1足。

③ 两件衣服。　　Liǎng jiàn yīfu.　　服を2着。

④ 一个蛋糕。　　Yí ge dàngāo.　　ケーキを1つ。

35 (10) 問：晚上她们做什么了？
Wǎnshang tāmen zuò shénme le?

夜，彼女たちは何をしましたか。

答：① 买东西了。　　Mǎi dōngxi le.　　買い物をした。

② 一起学习了。　　Yìqǐ xuéxí le.　　いっしょに勉強した。

③ 喝咖啡了。　　Hē kāfēi le.　　コーヒーを飲んだ。

❹ 唱卡拉 OK 了。　Chàng kǎlā OK le.　　カラオケをした。

19

筆 記

1 ピンイン表記・声調

解答：(1) ❷ (2) ❹ (3) ❶ (4) ❸ (5) ❶ (6) ❸ (7) ❷ (8) ❹ (9) ❶ (10) ❷

1．2音節の単語の声調パターンが身に付いているかどうかを問うています。声調
パターンは91頁の「2音節語の声調の組み合わせ」を繰り返し音読して身に付け
ましょう。

(2点×5)

(1) ① 上班 shàngbān　　　　　（出勤する）

　　❷ 国家 guójiā　　　　　　（国）

　　③ 汽车 qìchē　　　　　　　（自動車）

　　④ 大声 dàshēng　　　　　　（大声）

(2) ① 高兴 gāoxìng　　　　　　（うれしい）

　　② 商店 shāngdiàn　　　　　（店）

　　③ 工作 gōngzuò　　　　　　（仕事）

　　❹ 听说 tīngshuō　　　　　（聞くところによると）

(3) ❶ 明年 míngnián　　　　　（来年）

　　② 杂志 zázhì　　　　　　　（雑誌）

　　③ 学校 xuéxiào　　　　　　（学校）

　　④ 城市 chéngshì　　　　　　（都市）

(4) ① 桌子 zhuōzi　　　　　　　（机）

　　② 舒服 shūfu　　　　　　　（気分がよい）

　　❸ 太阳 tàiyang　　　　　　（太陽）

　　④ 休息 xiūxi　　　　　　　（休憩する）

(5) ❶ 银行 yínháng　　　　　　（銀行）

　　② 词典 cídiǎn　　　　　　　（辞書）

　　③ 游泳 yóuyǒng　　　　　　（泳ぐ）

　　④ 苹果 píngguǒ　　　　　　（リンゴ）

2. ピンインを正確に覚えているかどうかを問うています。正しく発音することができるかどうかは，ピンインによるチェックが効果的です。　　　　(2点×5)

(6) 櫻花 yīnghuā（桜）

① yīnghuá　　② yīnhuā　　❸ **yīnghuā**　　④ yīnhuá

(7) 照相 zhàoxiàng（写真を撮る）

① shàoxiàng　　❷ **zhàoxiàng**　　③ shàoxiào　　④ zhàoxiào

(8) 啤酒 píjiǔ（ビール）

① píqiú　　② bījiǔ　　③ bīqiú　　❹ **píjiǔ**

(9) 感冒 gǎnmào（風邪をひく）

❶ **gǎnmào**　　② kānmào　　③ gǎnbào　　④ kānbào

(10) 方便 fāngbiàn（便利である）

① hángbiàn　　❷ **fāngbiàn**　　③ hángpián　　④ fāngpián

---

[2] 空欄補充

解答：(1)❸　(2)❶　(3)❶　(4)❷　(5)❹　(6)❸　(7)❷　(8)❹　(9)❶　(10)❷

空欄に入る語はいずれも文法上のキーワードです。　　　　(2点×10)

(1) 这（条）裤子是新买的。　　　　このズボンは新しく買ったものです。
Zhè tiáo kùzi shì xīn mǎi de.

① 本 běn　　② 只 zhī　　❸ **条 tiáo**　　④ 件 jiàn

> 量詞（助数詞）の問題です。ズボンやスカート，細長いものを数えるときは "条" を用います。①は本や雑誌のような冊子状のもの，②は動物や対をなすものの一方，④は上着や事柄・事件を数えるときに用います。

(2) 你（对）中国茶感兴趣吗?　　　　あなたは中国茶に興味がありますか。
Nǐ duì Zhōngguó chá gǎn xìngqù ma?

❶ **对 duì**　　② 到 dào　　③ 在 zài　　④ 给 gěi

介詞（前置詞）の問題です。"对…感兴趣"で「…に興味がある」という意味ですので，対象を導く①を選びます。②は動作の到達点を示す「…まで」，③は動作を行う場所や時間を示す「…で，…に」，④は動作を受ける対象を示す「…に」に相当します。

(3) 你等一会儿去吧。现在下（　着　）雪呢。

少し待ってから出かけたら。今は雪が降っています。

Nǐ děng yíhuìr qù ba. Xiànzài xiàzhe xuě ne.

　❶ 着 zhe　　　② 得 de　　　③ 过 guo　　　④ 了 le

　　助詞の問題です。「動詞＋"着"」で「…ている，…である」という状態の継続を表します。②は動詞や形容詞の後ろに用い様態補語や程度補語を導く助詞，③は過去の経験，④は動作の完了を示す助詞です。

(4) 我的房间（　没有　）你的房间那么干净。

わたしの部屋はあなたの部屋ほどきれいではありません。

Wǒ de fángjiān méiyǒu nǐ de fángjiān nàme gānjìng.

　① 比 bǐ　　　❷ 没有 méiyǒu　　③ 不 bù　　　④ 不是 bú shì

　　比較文の否定形は「A＋"没有"＋B＋"这么／那么"＋形容詞」です。①は「…よりも」，③は「…ない」，④は「…ではない」という意味です。

(5) 车站（　离　）我们学校不太远，五分钟就到了。

駅はわたしたちの学校からあまり遠くなく，5分で着きます。

Chēzhàn lí wǒmen xuéxiào bú tài yuǎn, wǔ fēn zhōng jiù dào le.

　① 向 xiàng　　　② 从 cóng　　　③ 往 wǎng　　　❹ 离 lí

　　介詞の問題です。空間的あるいは時間的な隔たりの基点を示すには"离"を用います。「A＋"离"＋B＋述語」で「AはBから…だ」という意味になります。①は動作の向かう方向を示す「…へ，に向かって」，②は時間・場所の起点を示す「…から」，③は動作の移動方向を示す「…の方へ」に相当します。

⑹ （ 別 ） 买了，家里还有很多呢。　買わないで，家にまだたくさんありますよ。
Bié mǎi le, jiāli hái yǒu hěn duō ne.

① 慢 màn　　② 快 kuài　　❸ 別 bié　　④ 没 méi

「"別"＋動詞」で「…するな」という禁止を表します。①は「(速度が) 遅い」，②は"快…了"で「もうすぐ…」，④は「…しなかった，…していない」という意味です。

⑺ （ 要 ） 起飞了，你怎么还在玩儿手机呀?　もうすぐ離陸するのに，どうしてまだスマホで遊んでいるの？
Yào qǐfēi le, nǐ zěnme hái zài wánr shǒujī ya?

① 才 cái　　❷ 要 yào　　③ 会 huì　　④ 也 yě

"了"と呼応して"要…了"で「もうすぐ…する」という意味になります。①は「ようやく」，③は「…できる」，④は「…も」という意味です。

⑻ 今年的樱花开得早，三月中旬（ 就 ）开了。　今年の桜は咲くのが早く，3月中旬にはもう咲いた。
Jīnnián de yīnghuā kāide zǎo, sānyuè zhōngxún jiù kāi le.

① 再 zài　　② 还是 háishi　　③ 刚才 gāngcái　　❹ 就 jiù

「3月中旬には咲いた」という意味にするには，「もう，とっくに」という意味になる④を選びます。①は「また，再び」，②は「やはり」，③は「さきほど」という意味です。

⑼ 佛教传入日本 （ 多长时间 ） 了?　仏教は日本に伝来してどれぐらいになりますか。
Fójiào chuánrù Rìběn duō cháng shíjiān le?

❶ 多长时间 duō cháng shíjiān　　② 什么时候 shénme shíhou

③ 几个小时 jǐ ge xiǎoshí　　④ 多少公里 duōshao gōnglǐ

疑問詞の問題です。伝来してからの時間を尋ねているので，「どれくらいの時間」を表す①が正解です。②は「いつ」，③は「何時間」，④は「何キロメートル」という意味です。

⑽ 刘老师今天不在，你明天（　再　）　　劉先生はきょう不在ですので，あした
来吧。　　　　　　　　　　　　　　　また来てください。

Liú lǎoshī jīntiān bú zài, nǐ míngtiān zài
lái ba.

① 又 yòu　　　　❷ 再 zài　　　　③ 没 méi　　　　④ 才 cái

> 「あしたまた来てください」から，動作の繰り返しがまだ実現されて
> いないことを表す②が正解です。①はすでに行われた動作が繰り返され
> たこと，③は動作が実現されていないこと，④は「やっと，ようやく」
> という意味を表します。

③ 語順選択

解答：(1)❸　(2)❷　(3)❶　(4)❷　(5)❹　(6)❹　(7)❶　(8)❶　(9)❷　⑽❹

1. 文法上のキーワードを含む基本的な文を正確に組み立てることができるかどう
かを問うています。　　　　　　　　　　　　　　　　　　　　　　（2点×5）

⑴ 机の上にテレビが1台ある。
　　① 桌子上电视有一台。
　　② 一台电视有桌子上。
　　❸ 桌子上有一台电视。Zhuōzi shang yǒu yì tái diànshì.
　　④ 一台电视桌子上有。

> 「場所＋"有"＋人・モノ」で「（場所）に人・モノがある，いる」とい
> う意味です。存現文の語順では，目的語の位置にある人・モノが意味上
> の主語となります。

⑵ あなたは中国映画を何回観たことがありますか。
　　① 你几次看过中国电影？
　　❷ 你看过几次中国电影？　Nǐ kànguo jǐ cì Zhōngguó diànyǐng?
　　③ 你看过中国几次电影？
　　④ 你中国电影几次看过？

> 動作の回数を表す語句は通常，動詞と目的語の間に割り込み，「動詞
> ＋（"过"＋）回数＋目的語」という語順になります。

(3) わたしたちはあす早めに出発しましょう。

❶ 我们明天早一点儿出发吧。Wǒmen míngtiān zǎo yìdiǎnr chūfā ba.

② 明天我们一点儿早出发吧。

③ 我们明天出发一点儿早吧。

④ 明天我们一点儿出发早吧。

> 「早めに出発する」は形容詞 "早" の後ろに "一点儿" を用い "早一点儿出发" とします。時間詞 "明天" は動詞句の前に置きます。

(4) 彼は毎日自転車で学校に来る。

① 他每天来学校骑自行车。

❷ 他每天骑自行车来学校。Tā měi tiān qí zìxíngchē lái xuéxiào.

③ 他来学校骑自行车每天。

④ 他骑自行车每天学校来。

> "骑自行车" "来学校" の2つの動詞フレーズからなる連動文です。連動文は動作の発生順に動詞を並べますので, "骑自行车来学校" とします。時間詞は動詞句の前に置きます。

(5) 母はわたしにたくさんの料理を作ってくれた。

① 妈妈做了给我很多菜。

② 妈妈给我很多菜做了。

③ 妈妈做了菜很多给我。

❷ 妈妈给我做了很多菜。Māma gěi wǒ zuòle hěn duō cài.

> 「わたしに」は介詞 "给" を用いて "给我", 「たくさんの料理を作った」は "做了很多菜" です。「"给" ＋ 人 ＋ 動詞」で「人に…してあげる」という意味を表します。

2. 与えられた語句を用いて正確に文を組み立てることができるかどうかを問うています。

(2点×5)

(6) わたしは毎年ふるさとに帰ります。

我　 ② 每年　 ① 都　 [❷ 回]　 ③ 故乡。

Wǒ měi nián dōu huí gùxiāng.

(7) 運動会は何時に終わりますか。

② 运动会　④ 到　[　❶ 几点　]　③ 结束？

Yùndònghuì dào jǐ diǎn jiéshù?

(8) 父はわたしに車を運転させない。

爸爸　③ 不　[　❶ 让　]　④ 我　② 开车。

Bàba bú ràng wǒ kāichē.

(9) わたしは友達と一緒に動物園に行きます。

我　[　❷ 跟　]　④ 朋友　① 一起　③ 去　动物园。

Wǒ gēn péngyou yìqǐ qù dòngwùyuán.

(10) 張先生がわたしたちに中国語会話を教えてくださいます。

② 张老师　① 教　[　❹ 我们]　③ 汉语会话。

Zhāng lǎoshī jiāo wǒmen Hànyǔ huìhuà.

---

[4] 長文読解

解答：(1)❹　(2)❶　(3)❷　(4)❷　(5)❹　(6)❷

まとまった内容の長文を正確に理解できるかどうかを問うています。

中国大学的新学年从 9 月 1 日开始。8 月下旬的一天，有一个农村来的女生从火车站坐出租车到北京大学办理入学手续。

她带着两个旅行箱，还有一个大背包。出租车不能进校园，她只好在学校的门口下 (1)了 车，自己拿行李。 (2)可是 ，办理入学手续的地方在校园的最后面，非常远，她一个人拿不动(注)。这时候，从前面来了一个老人，(3)看他穿的衣服，好像是学校食堂的厨师。女生对他说："老大爷，我是从农村来的新生。行李太多，我自己拿不动，您能帮我 (4)一下 吗？"老人笑着说："没问题，走吧！"就拉着她的大旅行箱，先和她一起到办入学手续的地方，办完手续以后，又帮她拿到了学生宿舍。

过了几天，学校举行新学年的开学典礼，女生看到帮自己拿行李的老人坐 (5)在 台上。原来，他是北京大学的副校长，中外有名的学者季羡林教授。

注）拿不动：持てない，運べない

Zhōngguó dàxué de xīn xuénián cóng jiǔyuè yī rì kāishǐ. Bāyuè xiàxún de yìtiān, yǒu yí ge nóngcūn lái de nǚshēng cóng huǒchēzhàn zuò chūzūchē dào Běijīng Dàxué bànlǐ rùxué shǒuxù.

Tā dàizhe liǎng ge lǚxíngxiāng, hái yǒu yí ge dà bēibāo. Chūzūchē bù néng jìn xiàoyuán, tā zhǐhǎo zài xuéxiào de ménkǒu xià le chē, zìjǐ ná xíngli. Kěshì , bànlǐ rùxué shǒuxù de dìfang zài xiàoyuán de zuì hòumiàn, fēicháng yuǎn, tā yí ge rén nábudòng. Zhè shíhou, cóng qiánmiàn láile yí ge lǎorén, kàn tā chuān de yīfu, hǎoxiàng shì xuéxiào shítáng de chúshī. Nǚshēng duì tā shuō: "Lǎodàye, wǒ shì cóng nóngcūn lái de xīnshēng. Xíngli tài duō, wǒ zìjǐ nábudòng, nín néng bāng wǒ yíxià ma?" Lǎorén xiàozhe shuō: "Méi wèntí, zǒu ba! "Jiù lāzhe tā de dà lǚxíngxiāng, xiān hé tā yìqǐ dào bàn rùxué shǒuxù de dìfang, bànwán shǒuxù yǐhòu, yòu bāng tā nádàole xuéshēng sùshè.

Guòle jǐ tiān, xuéxiào jǔxíng xīn xuénián de kāixué diǎnlǐ, nǚshēng kàndào bāng zìjǐ ná xíngli de lǎorén zuò zài táishàng. Yuánlái, tā shì Běijīng Dàxué de fù xiàozhǎng, zhōngwài yǒumíng de xuézhě Jì Xiànlín jiàoshòu.

訳：中国の大学の新学期は 9 月 1 日から始まります。8 月下旬のある日，一人の農村から来た女子学生が駅からタクシーに乗って北京大学に入学の手続きにやって来ました。

彼女はスーツケースを 2 つ携えて，さらに大きなリュックを持っていました。タクシーはキャンパスに入ることができず，彼女は学校の入口で降りて，

自分で荷物を持つしかありませんでした。しかし，入学手続きをする場所はキャンパスの一番奥にあり，かなり遠く，彼女一人では運べません。その時，前から一人の老人がやって来ました。(3)彼の着ている服から見ると，大学の食堂のコックのようでした。女子学生は彼に「おじいさん，わたしは農村から来た新入生です。荷物が多くて，自分では運べないので，ちょっと手伝っていただけませんか」と言いました。老人は笑って「いいですよ，行きましょう」と言うと，彼女の大きなスーツケースを引いて，まず入学手続きをする場所まで一緒に行き，手続きを終えると，また彼女が荷物を運ぶのを手伝って寮まで送ってくれました。

　数日後，新学年の入学式が行われ，女子学生は荷物を運んで自分を手伝ってくれた老人が壇上に座っているのを見ました。なんと，その人は北京大学の副学長で，国内外で有名な季羨林教授だったのです。

(1) 空欄補充 　　　　　　　　　　　　　　　　　　　　　　　　　　(3点)

　　① 过 guo　　　② 着 zhe　　　③ 的 de　　　❹ 了 le

　　　動作の完了を示す助詞④が正解です。①は経験，②は動作の継続を示す助詞，③は連体修飾語を導く助詞です。

(2) 空欄補充 　　　　　　　　　　　　　　　　　　　　　　　　　　(3点)

　　❶ 可是 kěshì　　② 为了 wèile　　③ 因为 yīnwei　　④ 所以 suǒyǐ

　　　「しかし」という意味の逆接を表す①が正解です。②は目的を表し「…のために」，③は原因・理由を表し「…から，…ので」，④は結果を表し「だから」という意味です。

(3) 下線部解釈 　　　　　　　　　　　　　　　　　　　　　　　　　(4点)

　　① 大学の食堂のコックは，彼の着ている服を見ているようであった。

　　❷ 彼の着ている服から見ると，大学の食堂のコックのようであった。

　　③ 彼はちょうど大学の食堂のコックの服を着ているところであった。

　　④ 大学の食堂のコックの服は，彼のとちょうど同じであった。

　　　"看他穿的衣服"は「彼が着ている服を見ると」，"好像"は「…のようだ」，"厨师"は「コック」という意味です。

(4) 空欄補充　　　　　　　　　　　　　　　　　　　　　　　　　（3点）

① 一点儿 yìdiǎnr　❷ 一下 yíxià　　③ 一个 yí ge　　④ 一块儿 yíkuàir

> 動詞の後ろに置いて「ちょっと」という意味を表す②が正解です。①は形容詞の後ろに置いて「（量的に）少し」，③は「1つ」，④は「一緒に」という意味です。

(5) 空欄補充　　　　　　　　　　　　　　　　　　　　　　　　　（3点）

① 向 xiàng　　　② 从 cóng　　　③ 往 wǎng　　❷ 在 zài

> 後ろの語句が場所を表しているので，「動詞＋"在"…」で動作の行われる場所を示す介詞④が正解です。①は動作の向かう方向，②は時間・場所の起点，③は動作の移動方向を示す介詞です。

(6) 内容の一致　　　　　　　　　　　　　　　　　　　　　　　　（4点）

① 女生不知道在哪儿办入学手续，所以请老人帮助。

　Nǚshēng bù zhīdào zài nǎr bàn rùxué shǒuxù, suǒyǐ qǐng lǎorén bāngzhù.

　女子学生は入学手続きの場所を知らないので，老人に手伝ってもらった。

❷ 刚进校园时，女生不知道老人是谁。

　Gāng jìn xiàoyuán shí, nǚshēng bù zhīdào lǎorén shì shéi.

　キャンパスに入ったばかりの時，女子学生は老人が誰だか知らなかった。

③ 老人帮女生拿了两个旅行箱。

　Lǎorén bāng nǚshēng nále liǎng ge lǚxíngxiāng.

　老人は女子学生を手伝って2つのスーツケースを持ってあげた。

④ 女生在学生宿舍办了入学手续。

　Nǚshēng zài xuéshēng sùshè bànle rùxué shǒuxù.

　女子学生は学生宿舎で入学の手続きをした。

> ①は女子学生が入学手続きをする場所を知っていたこと，③は老人が持ってあげたスーツケースの個数は記されていないこと，④は入学手続きをした場所が間違っていることから一致しません。

(1) きょうはとても暖かい。

今天很暖和。Jīntiān hěn nuǎnhuo.

> 形容詞述語文です。"很"などの程度副詞は形容詞の前に置きます。

(2) あなたの誕生日は何月何日ですか。

你的生日(是)几月几号？Nǐ de shēngrì (shì) jǐ yuè jǐ hào?

> 月日を問う疑問文は"几月几号？"です。"几"は10未満の小さい数を尋ねる疑問詞ですが，10以上でも日付など上限が決まっている数を尋ねるときには"几"を用います。"是"を省略して名詞述語文にすることもできます。また，"号"を"日"としてもかまいません。疑問詞を使っていますから，文末に"吗"は加えません。

(3) 祖母は毎晩10時に寝ます。

我奶奶每天晚上十点睡觉。Wǒ nǎinai měi tiān wǎnshang shí diǎn shuìjiào.

> 「毎晩10時」は動作を行う時点を示しているので，文頭または動詞の前に置きます。「…時」は"…点"といいます。

(4) わたしは朝食を食べませんでした。

我没(有)吃早饭。Wǒ méi (you) chī zǎofàn.

> 「…は…しなかった（…したという事実はない）」は，「"没(有)"＋動詞(句)」です。文末に"了"を置いてはいけません。

(5) 彼はスーパーでアルバイトをしています。

他在超市打工。Tā zài chāoshì dǎgōng.

> 「…で…する」は，介詞"在"を用いて「"在"＋場所＋動詞」とします。

第 101 回

(2020 年 11 月)

03 **1** (1)〜(10)の問いの答えとして最も適当なものを，①〜④の中から１つ選びなさい。

（50 点）

04 (1)
　　　　　① 　　　　② 　　　　③ 　　　　④

05 (2)
　　　　　① 　　　　② 　　　　③ 　　　　④

06 (3)
　　　　　① 　　　　② 　　　　③ 　　　　④

07 (4)
　　　　　① 　　　　② 　　　　③ 　　　　④

08 (5)
　　　　　① 　　　　② 　　　　③ 　　　　④

09 (6)
　　　　　① 　　　　② 　　　　③ 　　　　④

10 (7)
　　　　　① 　　　　② 　　　　③ 　　　　④

11 (8)
　　　　　① 　　　　② 　　　　③ 　　　　④

12 (9)
　　　　　① 　　　　② 　　　　③ 　　　　④

13 (10)
　　　　　① 　　　　② 　　　　③ 　　　　④

14 **2** 中国語を聞き，(1)～(10)の問いの答えとして最も適当なものを，①～④の中から１つ
選びなさい。 (50 点)

15
22

┌─────────┐
│ メモ欄 │
└─────────┘

16
23

(1)～(5)の問いは音声のみで，文字の印刷はありません。

17
24 (1)
　　　①　　　　　　②　　　　　　③　　　　　　④

18
25 (2)
　　　①　　　　　　②　　　　　　③　　　　　　④

19
26 (3)
　　　①　　　　　　②　　　　　　③　　　　　　④

20
27 (4)
　　　①　　　　　　②　　　　　　③　　　　　　④

21
28 (5)
　　　①　　　　　　②　　　　　　③　　　　　　④

29
36

30
37

31　(6) 我现在在哪儿留学？

38　　①　　　　　　②　　　　　　③　　　　　　④

32　(7) 我们每天几点上课？

39　　①　　　　　　②　　　　　　③　　　　　　④

33　(8) 我在故宫买了什么？

40　　①　　　　　　②　　　　　　③　　　　　　④

34　(9) 我常常在哪儿吃午饭？

41　　①　　　　　　②　　　　　　③　　　　　　④

35　(10) 老师打算什么时候带我们去长城？

42　　①　　　　　　②　　　　　　③　　　　　　④

1 1. (1)～(5)の中国語①～④の中から，声調の組み合わせが<u>他と異なるもの</u>を１つ
選びなさい。
(10点)

(1) ① 杂志 ② 学校 ③ 啤酒 ④ 寒假

(2) ① 作业 ② 电车 ③ 健康 ④ 大家

(3) ① 以前 ② 公园 ③ 旅游 ④ 小学

(4) ① 厕所 ② 日本 ③ 地铁 ④ 去年

(5) ① 欢迎 ② 英语 ③ 身体 ④ 开始

2. (6)～(10)の中国語の正しいピンイン表記を，①～④の中から１つ選びなさい。
(10点)

(6) 练习 ① liànshí ② liàngshí ③ liànxí ④ liàngxí

(7) 运动 ① yúndùn ② yùndòng ③ yùntòng ④ yòngdòng

(8) 颜色 ① yánsè ② yángsè ③ yánsù ④ yángsù

(9) 司机 ① sījī ② sùjì ③ sèjī ④ sìjì

(10) 时间 ① xíjiān ② shíjiāng ③ xǔjiàn ④ shíjiān

2 (1)～(10)の中国語の空欄を埋めるのに最も適当なものを，①～④の中から１つ選び
なさい。　　　　　　　　　　　　　　　　　　　　　　　　　　　　　　　（20点）

(1) 请给我两（　　　）纸。
　　① 件　　　　　　② 把　　　　　　③ 张　　　　　　④ 个

(2) 我家（　　　）学校很近。
　　① 从　　　　　　② 离　　　　　　③ 和　　　　　　④ 跟

(3) 我是在大学学（　　　）汉语。
　　① 了　　　　　　② 着　　　　　　③ 的　　　　　　④ 过

(4) 明天我（　　　）你打电话。
　　① 向　　　　　　② 往　　　　　　③ 对　　　　　　④ 给

(5) 这里（　　　）抽烟吗？
　　① 可能　　　　　② 想　　　　　　③ 可以　　　　　④ 要

(6) 快放暑假（　　　）。
　　① 吗　　　　　　② 呢　　　　　　③ 的　　　　　　④ 了

(7) 我（　　　）去过法国。
　　① 不是　　　　　② 没有　　　　　③ 不　　　　　　④ 别

(8) 墙上挂（　　　）一张照片。
　　① 在　　　　　　② 着　　　　　　③ 得　　　　　　④ 的

(9) 你（　　　）来了？
　　① 再　　　　　　② 才　　　　　　③ 就　　　　　　④ 又

(10) 她（　　　）没来？
　　① 怎么　　　　　② 什么　　　　　③ 怎么样　　　　④ 什么样

3 1. (1)〜(5)の日本語の意味に合う中国語を，①〜④の中から１つ選びなさい。

(10 点)

(1) もう１杯どうぞ。
　　① 再来一杯吧。
　　② 再一杯来吧。
　　③ 一杯再来吧。
　　④ 来再一杯吧。

(2) わたしはきのう２時間テレビを見ました。
　　① 我昨天两个小时看了电视。
　　② 我两个小时看了电视昨天。
　　③ 我昨天看了两个小时电视。
　　④ 我电视两个小时看了昨天。

(3) 彼は中国語を話すのがあまりうまくない。
　　① 他不太说汉语说得好。
　　② 他说汉语说得不太好。
　　③ 他说汉语不说得太好。
　　④ 他不太好说汉语说得。

(4) わたしはあなたに本を１冊プレゼントします。
　　① 我送给一本书你。
　　② 我送你给一本书。
　　③ 我一本书送你给。
　　④ 我送给你一本书。

(5) きょうはわたしは彼と一緒にごはんを食べます。
　　① 今天我跟他一起吃饭。
　　② 今天我吃饭跟他一起。
　　③ 今天我他跟一起吃饭。
　　④ 今天我一起吃饭跟他。

37

2. (6)〜(10)の日本語の意味になるようにそれぞれ①〜④を並べ替えたときに，[　　　]内に入るものを選びなさい。 (10点)

(6) 前から1人の老人が歩いてきた。

＿＿＿＿＿＿ ＿＿＿＿＿＿ [＿＿＿＿] ＿＿＿＿＿。

① 一个　　　　② 前面　　　　③ 走来了　　　④ 老人

(7) あすわたしの家に遊びにいらっしゃい。

明天＿＿＿＿＿ [＿＿＿＿] ＿＿＿＿＿ ＿＿＿＿＿吧。

① 来　　　　② 玩儿　　　　③ 你们　　　　④ 我家

(8) 妹はわたしより3歳年下です。

妹妹＿＿＿＿＿ ＿＿＿＿＿ [＿＿＿＿] ＿＿＿＿＿。

① 三岁　　　　② 小　　　　③ 我　　　　④ 比

(9) わたしは北京から来ます。

＿＿＿＿＿＿ ＿＿＿＿＿＿ [＿＿＿＿] ＿＿＿＿＿。

① 来　　　　② 从　　　　③ 我　　　　④ 北京

(10) きょうはきのうほど寒くありません。

＿＿＿＿＿＿ [＿＿＿＿] ＿＿＿＿＿ ＿＿＿＿＿。

① 没有　　　　② 冷　　　　③ 今天　　　　④ 昨天

4 次の文章を読み，(1)～(6)の問いの答えとして最も適当なものを，①～④の中から
1つ選びなさい。 (20点)

　　我上幼儿园以前，在家都说方言。进幼儿园后，老师教我们说普通话。刚
开始学普通话时我出了很多笑话。

　　有一次，妈妈带我去北京玩儿。我们在一 (1) 饭店吃饭的时候，服务
员问我们吃什么，我 (2) 她说："姐姐，我想吃茴子白（huízibái）。"服务员
问我："茴子白？茴子白是什么菜？我们这里没有。"我看了看旁边的客人，他
们 (3) 吃茴子白。我就说："姐姐，你看！你们店里有茴子白，那个叔叔吃
的就是。"服务员看了后，笑着说："啊，你说的是卷心菜啊！"

　　在家的时候我们都说茴子白，我第一次知道 (4) "茴子白"是我们的
方言，不是普通话。通过北京的那次经历，我明白了说好普通话的重要性。如
果到了外地，不说普通话，别人 (5) 听不懂你说的话。

(1) 空欄(1)を埋めるのに適当なものはどれか。
　　① 件　　　　　② 轩　　　　　③ 家　　　　　④ 点

(2) 空欄(2)を埋めるのに適当なものはどれか。
　　① 朝　　　　　② 对　　　　　③ 给　　　　　④ 往

(3) 空欄(3)を埋めるのに適当なものはどれか。
　　① 在　　　　　② 正　　　　　③ 还　　　　　④ 再

(4) 空欄(4)を埋めるのに適当なものはどれか。
　　① 过　　　　　② 了　　　　　③ 着　　　　　④ 的

(5) 空欄(5)を埋めるのに適当なものはどれか。
　　① 才　　　　　② 刚　　　　　③ 又　　　　　④ 就

(6) 本文の内容と**一致しないもの**はどれか。

    ① 幼儿园的老师不会说普通话。

    ② 北京人没听懂我的家乡话。

    ③ 说好普通话是非常重要的。

    ④ 我当时想吃的就是卷心菜。

5 (1)～(5)の日本語を中国語に訳し，漢字（簡体字）で書きなさい。
（漢字は崩したり略したりせずに書き，文中・文末には句読点や疑問符をつけること。）

（20点）

(1) あなたはコーヒーにしますか，それとも紅茶にしますか。

(2) わたしは音楽を聴くのが好きです。

(3) 彼はわたしたちに日本語を教えています。

(4) 郵便局は銀行の前にあります。

(5) 彼らはみんながみんな学生ではありません。

1 会 話

解答：(1) ❷　(2) ❸　(3) ❶　(4) ❷　(5) ❶　(6) ❹　(7) ❶　(8) ❷　(9) ❸　(10) ❶

日常会話でよく使われる問いに対し，正確に答えることができるかどうかを問うています。

(5点×10)

04 (1) 問：你爸爸在哪儿工作?
　　　　 Nǐ bàba zài nǎr gōngzuò?

あなたのお父さんはどこで働いていますか。

　　答：① 你的日语说得很好。
　　　　　 Nǐ de Rìyǔ shuōde hěn hǎo.

あなたの日本語はお上手ですね。

　　　　❷ 他是大学的老师。
　　　　　 Tā shì dàxué de lǎoshī.

彼は大学の教師です。

　　　　③ 我爸爸工作很忙。
　　　　　 Wǒ bàba gōngzuò hěn máng.

わたしの父は仕事が忙しい。

　　　　④ 他在北京学习汉语。
　　　　　 Tā zài Běijīng xuéxí Hànyǔ.

彼は北京で中国語を勉強しています。

05 (2) 問：请问，去图书馆怎么走?
　　　　 Qǐngwèn, qù túshūguǎn zěnme zǒu?

すみません，図書館にはどう行きますか。

　　答：① 去图书馆的人很多。
　　　　　 Qù túshūguǎn de rén hěn duō.

図書館に行く人は多いです。

　　　　② 我每天都去图书馆。
　　　　　 Wǒ měi tiān dōu qù túshūguǎn.

わたしは毎日図書館に行きます。

　　　　❸ 我也不知道怎么走。
　　　　　 Wǒ yě bù zhīdào zěnme zǒu.

わたしもどう行くか知りません。

　　　　④ 他走了十分钟才到。
　　　　　 Tā zǒule shí fēn zhōng cái dào.

彼は10分歩いてようやく着きました。

06 (3) 問：你昨天为什么没来学校?
　　　　 Nǐ zuótiān wèi shénme méi lái xuéxiào?

あなたはきのうどうして学校に来なかったのですか。

　　答：❶ 我身体不太舒服。
　　　　　 Wǒ shēntǐ bú tài shūfu.

わたしは体の調子があまり良くなかったのです。

② 我今天不想上课。
　Wǒ jīntiān bù xiǎng shàngkè.

わたしはきょう授業に出たくありません。

③ 我喜欢上汉语课。
　Wǒ xǐhuan shàng Hànyǔ kè.

わたしは中国語の授業が好きです。

④ 我今天有两节课。
　Wǒ jīntiān yǒu liǎng jié kè.

わたしはきょう授業が2コマあります。

07 (4) 問：你吃过中国菜吗?
　　　 Nǐ chīguo Zhōngguó cài ma?

あなたは中国料理を食べたことがありますか。

答：① 中国菜在日本很贵。
　　　Zhōngguó cài zài Rìběn hěn guì.

中国料理は日本では値段が高いです。

❷ 以前在中国吃过一次。
　Yǐqián zài Zhōngguó chīguo yí cì.

以前中国で1度食べたことがあります。

③ 你也尝尝我做的菜吧。
　Nǐ yě chángchang wǒ zuò de cài ba.

あなたもわたしが作った料理を食べてみてください。

④ 我前年去过一次中国。
　Wǒ qiánnián qùguo yí cì Zhōngguó.

わたしはおととし中国に1度行ったことがあります。

08 (5) 問：那个电影有意思吗?
　　　 Nàge diànyǐng yǒu yìsi ma?

あの映画はおもしろいですか。

答：❶ 我觉得非常好看。
　　　Wǒ juéde fēicháng hǎokàn.

わたしはとてもおもしろいと思います。

② 我看过那个电影。
　Wǒ kànguo nàge diànyǐng.

わたしはあの映画を観たことがあります。

③ 我经常去看电影。
　Wǒ jīngcháng qù kàn diànyǐng.

わたしはしょっちゅう映画を観に行きます。

④ 我也喜欢看电影。
　Wǒ yě xǐhuan kàn diànyǐng.

わたしも映画を観るのが好きです。

09 (6) 問：你们学校有多少中国留学生?
　　　 Nǐmen xuéxiào yǒu duōshao Zhōngguó liúxuéshēng?

あなたたちの学校にはどのぐらい中国人留学生がいますか。

答：① 我们学校有很多汉语老师。
　　　Wǒmen xuéxiào yǒu hěn duō Hànyǔ lǎoshī.

わたしたちの学校にはたくさんの中国語の先生がいます。

② 很多留学生是今年刚来的。
Hěn duō liúxuéshēng shì jīnnián gāng lái de.

多くの留学生はことし来たばかりです。

③ 我们学校有很多外国留学生。
Wǒmen xuéxiào yǒu hěn duō wàiguó liúxuéshēng.

わたしたちの学校にはたくさんの外国人留学生がいます。

❹ 差不多有一百个中国留学生。
Chàbuduō yǒu yìbǎi ge Zhōngguó liúxuéshēng.

約 100 人の中国人留学生がいます。

10 (7) 問：你打算什么时候去中国旅行?
Nǐ dǎsuan shénme shíhou qù Zhōngguó lǚxíng.

あなたはいつ中国に旅行するつもりですか。

答：❶ 我想暑假的时候去中国旅行。
Wǒ xiǎng shǔjià de shíhou qù Zhōngguó lǚxíng.

わたしは夏休みに中国旅行に行きたいです。

② 我很想坐飞机去中国旅行。
Wǒ hěn xiǎng zuò fēijī qù Zhōngguó lǚxíng.

わたしはぜひ飛行機で中国旅行に行きたいです。

③ 我们下个月二号开始考试。
Wǒmen xià ge yuè èr hào kāishǐ kǎoshì.

わたしたちは来月 2 日から試験が始まります。

④ 我打算明年去中国留学。
Wǒ dǎsuan míngnián qù Zhōngguó liúxué.

わたしは来年中国へ留学に行くつもりです。

11 (8) 問：这次的汉语考试难不难?
Zhè cì de Hànyǔ kǎoshì nán bu nán?

今回の中国語の試験は難しいですか。

答：① 这次的英语考试不太难。
Zhè cì de Yīngyǔ kǎoshì bú tài nán.

今回の英語の試験はあまり難しくありません。

❷ 这次的考试不太难。
Zhè cì de kǎoshì bú tài nán.

今回の試験はあまり難しくありません。

③ 我们每星期都有考试。
Wǒmen měi xīngqī dōu yǒu kǎoshì.

わたしたちは毎週試験があります。

④ 明天我没有汉语考试。
Míngtiān wǒ méiyǒu Hànyǔ kǎoshì.

あすわたしは中国語の試験がありません。

12 (9) 問：中午我想吃炒饭，你呢? / お昼にわたしはチャーハンが食べ
たいのだけど，あなたは?

Zhōngwǔ wǒ xiǎng chī chǎofàn, nǐ ne?

答：① 昨天中午我没吃饭。 / きのうのお昼はわたしはごはんを
食べませんでした。

Zuótiān zhōngwǔ wǒ méi chī fàn.

② 他们一起去食堂了。 / 彼らは一緒に食堂に行きました。

Tāmen yìqǐ qù shítáng le.

❸ 我今天不想吃炒饭。 / わたしは，きょうはチャーハンを
食べたくありません。

Wǒ jīntiān bù xiǎng chī chǎofàn.

④ 我每天在家吃午饭。 / わたしは毎日家でお昼ごはんを食
べます。

Wǒ měi tiān zài jiā chī wǔfàn.

13 (10) 問：你的感冒好了吗? / あなたの風邪は良くなりました
か。

Nǐ de gǎnmào hǎo le ma?

答：❶ 休息了两天，好多了。 / 2日休んだらだいぶ良くなりまし
た。

Xiūxile liǎng tiān, hǎo duō le.

② 你应该多休息几天啊。 / あなたはもう何日か休むべきで
す。

Nǐ yīnggāi duō xiūxi jǐ tiān a.

③ 我昨天晚上没有睡好。 / わたしはきのうの夜はよく眠れな
かった。

Wǒ zuótiān wǎnshang méiyou
shuìhǎo.

④ 我每天早上都去散步。 / わたしは毎朝散歩に行きます。

Wǒ měi tiān zǎoshang dōu qù sànbù.

---

2 長文聴解

解答：(1)❸ (2)❷ (3)❸ (4)❶ (5)❹ (6)❶ (7)❷ (8)❸ (9)❸ (10)❹

まとまった分量の中国語を理解できるかどうかを問うています。

先週おじいさんの誕生日に上海に帰ったＢがＡに問われてお祝いの様子を語る会
話です。

(5 点 × 10)

15 A：(1)听说你上星期天回上海了。 / Tīngshuō nǐ shàng xīngqītiān huí
Shànghǎi le.

B：(1)对，我爷爷上个星期过生日。 / Duì, wǒ yéye shàng ge xīngqī guò
shēngrì.

A：你跟谁一起回去的？　　　　　　Nǐ gēn shéi yìqǐ huíqu de?　　　　　5

B：(3)跟我哥哥一起回去的。　　　　Gēn wǒ gēge yìqǐ huíqu de.

A：你爷爷今年多大岁数了？　　　　Nǐ yéye jīnnián duō dà suìshu le?

B：(2)他已经八十七岁了。　　　　　Tā yǐjīng bāshiqī suì le.

16　A：在中国过生日一般吃什么？　　　Zài Zhōngguó guò shēngrì yìbān chī shénme?　　　10

B：一般吃面条、鸡蛋还有生日蛋糕。　Yìbān chī miàntiáo、jīdàn háiyǒu shēngrì dàngāo.

A：你爷爷这次吃的是什么？　　　　Nǐ yéye zhè cì chī de shì shénme?

B：(4)面条和蛋糕，还喝了一点儿葡萄酒。　Miàntiáo hé dàngāo, hái hēle yìdiǎnr pútaojiǔ.　　15

A：你送给爷爷生日礼物了吗？　　　Nǐ sònggěi yéye shēngrì lǐwù le ma?

B：当然了，(5)我送给爷爷一个新手机。　Dāngrán le, wǒ sònggěi yéye yí ge xīn shǒujī.

A：你爷爷奶奶现在和谁一起住？　　Nǐ yéye nǎinai xiànzài hé shéi yìqǐ zhù?　　20

B：他们自己住。　　　　　　　　　Tāmen zìjǐ zhù.

訳：

A：(1)あなたは先週日曜日に上海に帰ったそうですね。

B：(1)そうです。わたしのおじいさんは先週誕生日でしたから。

A：あなたは誰と一緒に帰ったのですか。

B：(3)兄と一緒に帰ったのです。

A：あなたのおじいさんは今年おいくつですか。

B：(2)おじいさんはもう 87 歳になります。

A：中国では誕生日に通常何を食べますか。

B：普通は麺と卵，そして誕生日ケーキを食べます。

A：あなたのおじいさんは今回何を食べましたか。

B：(4)麺とケーキです。それにワインも少し飲みました。

A：あなたはおじいさんに誕生日プレゼントを贈りましたか。

B：もちろんです。(5)わたしはおじいさんに新しい携帯電話をプレゼントしました。

A：あなたのおじいさんとおばあさんは今誰と一緒に住んでいますか。

B：おじいさんとおばあさんは自分たちで住んでいます。

17 (1) 問：我什么时候回上海的？
Wǒ shénme shíhou huí Shànghǎi de?

わたしはいつ上海に帰ったのですか。

答：① 上个星期三。Shàng ge xīngqīsān. 先週の水曜日。

② 下个星期三。Xià ge xīngqīsān. 来週の水曜日。

❸ 上个星期天。Shàng ge xīngqītiān. 先週の日曜日。

④ 下个星期天。Xià ge xīngqītiān. 来週の日曜日。

18 (2) 問：我爷爷今年多大岁数了？
Wǒ yéye jīnnián duō dà suìshu le.

わたしのおじいさんは今年何歳になりましたか。

答：① 八十一岁了。Bāshiyī suì le. 81 歳になった。

❷ 八十七岁了。Bāshiqī suì le. 87 歳になった。

③ 七十八岁了。Qīshibā suì le. 78 歳になった。

④ 八十四岁了。Bāshisì suì le. 84 歳になった。

19 (3) 問：我跟谁一起回上海的？
Wǒ gēn shéi yìqǐ huí Shànghǎi de?

わたしは誰と一緒に上海に帰ったのですか。

答：① 跟爷爷一起回去的。
Gēn yéye yìqǐ huíqu de.

おじいさんと一緒に帰った。

② 跟爸爸一起回去的。
Gēn bàba yìqǐ huíqu de.

父と一緒に帰った。

❸ 跟哥哥一起回去的。
Gēn gēge yìqǐ huíqu de.

兄と一緒に帰った。

④ 我是一个人回去的。
Wǒ shì yí ge rén huíqu de.

わたしは一人で帰った。

20 (4) 問：爷爷过生日时吃了什么？
Yéye guò shēngrì shí chīle shénme?

おじいさんは誕生日に何を食べましたか。

答：❶ 他吃了面条和蛋糕。
Tā chīle miàntiáo hé dàngāo.

おじいさんは麺とケーキを食べた。

② 他今年只吃了面条。
Tā jīnnián zhǐ chīle miàntiáo.

おじいさんは今年は麺だけを食べた。

③ 他只吃了一点儿蛋糕。
Tā zhǐ chīle yìdiǎnr dàngāo.

おじいさんはケーキを少しだけ食べた。

④ 他吃了鸡蛋和面条。
Tā chīle jīdàn hé miàntiáo.

おじいさんは卵と麺を食べた。

21 (5) 問：我送给爷爷什么生日礼物了？
Wǒ sòng gěi yéye shénme shēngrì lǐwù le?

わたしはおじいさんにどんな誕生日プレゼントを贈りましたか。

答：① 一瓶葡萄酒。Yì píng pútaojiǔ.

ワイン 1 瓶。

② 一个大蛋糕。Yí ge dà dàngāo.

大きなケーキ 1 個。

③ 一件新大衣。Yí jiàn xīn dàyī.

新しいコート 1 着。

❹ 一个新手机。Yí ge xīn shǒujī.

新しい携帯電話 1 台。

北京での留学生活の一端が語られています。

29　　我从大阪来北京已经快两个月了。这是我第二次来中国，去年我去过一次西安，在那儿旅行了一个星期。(6)这次来北京，我是来学习汉语的，我打算在北京留学一年。

　　我们班里有二十个留学生，一半儿是男生。(7)我们每天九点上课，十二点下课。(9)中午我常常在留学生食堂吃午饭，有时也去外边的饭馆儿，我还跟老师去教师食堂吃过一次饭。

30　　教我们发音的老师是上海人，会话老师是北京人。上个星期六，老师带我们去参观了故宫。故宫很大，里边的人也特别多。(8)我在故宫给女朋友买了一个钱包。(10)老师说下星期天，如果天气好的话，他就带我们去长城。

Wǒ cóng Dàbǎn lái Běijīng yǐjīng kuài liǎng ge yuè le. Zhè shì wǒ dì-èr cì lái Zhōngguó, qùnián wǒ qùguo yí cì Xī'ān, zài nàr lǔxíngle yí ge xīngqī. Zhè cì lái Běijīng, wǒ shì lái xuéxí Hànyǔ de. Wǒ dǎsuan zài Běijīng liúxué yì nián.

Wǒmen bānli yǒu èrshí ge liúxuéshēng, yíbànr shì nánshēng. Wǒmen měi tiān jiǔ diǎn shàngkè, shí'èr diǎn xiàkè, Zhōngwǔ wǒ chángcháng zài liúxuéshēng shítáng chī wǔfàn, yǒushí yě qù wàibian de fànguǎnr, wǒ hái gēn lǎoshī qù jiàoshī shítáng chīguo yí cì fàn.

Jiāo wǒmen fāyīn de lǎoshī shì Shànghǎirén, huìhuà lǎoshī shì Běijīngrén. Shàng ge xīngqīliù, lǎoshī dài wǒmen qù cānguānle Gùgōng. Gùgōng hěn dà, lǐbian de rén yě tèbié duō. Wǒ zài Gùgōng gěi nǔpéngyǒu mǎile yí ge qiánbāo. Lǎoshī shuō xià xīngqītiān, rúguǒ tiānqì hǎo dehuà, tā jiù dài wǒmen qù Chángchéng.

47

訳：わたしが大阪から北京に来てもう2か月になるところです。これはわたしにとって2度目の中国です。去年わたしは1度西安に行き，そこで1週間旅行をしました。(6)今回わたしが北京に来たのは，中国語を勉強するためで，北京に1年間留学するつもりです。

わたしたちのクラスには20人の留学生がいます。半分は男子学生です。(7)わたしたちは毎日9時に授業が始まり，12時に授業が終わります。(9)昼，わたしはよく留学生食堂で昼ごはんを食べますが，時には外のレストランにも行きますし，先生について教員食堂へ行ってごはんを食べたことも1度あります。

わたしたちに発音を教えてくれる先生は上海の出身で，会話の先生は北京の出身です。先週の土曜日，先生はわたしたちを故宮へ見学に連れて行ってくれました。故宮は大きく，中の人もとりわけ多いです。(8)わたしは故宮でガールフレンドに財布を1つ買いました。(10)来週の日曜日，もし天気が良ければ，先生はわたしたちを長城へ連れていってくれるとおっしゃいました。

31 (6) 問：我现在在哪儿留学？ わたしは今どこに留学していますか。
Wǒ xiànzài zài nǎr liúxué?

　答：❶ 北京。Běijīng.　　　　　北京。

　　　② 上海。Shànghǎi.　　　　上海。

　　　③ 大阪。Dàbǎn.　　　　　大阪。

　　　④ 西安。Xī'ān.　　　　　西安。

32 (7) 問：我们每天几点上课？ わたしたちは毎日何時に授業が始まりますか。
Wǒmen měi tiān jǐ diǎn shàngkè?

　答：① 十二点。Shí'èr diǎn.　　12時。

　　　❷ 九点。Jiǔ diǎn.　　　　9時。

　　　③ 十点。Shí diǎn.　　　　10時。

　　　④ 八点半。Bā diǎn bàn.　 8時半。

33 (8) 問：我在故宫买了什么？ わたしは故宮で何を買いましたか。
Wǒ zài Gùgōng mǎile shénme?

　答：① 一个苹果。　　　　　りんご1個。
　　　　Yí ge píngguǒ.

② 一条裤子。　　　　　　　　　　　ズボン1本。
　　Yì tiáo kùzi.

❸ 一个钱包。　　　　　　　　　　　財布1つ。
　　Yí ge qiánbāo.

④ 一张明信片。　　　　　　　　　　絵葉書1枚。
　　Yì zhāng míngxìnpiàn.

34 (9) 問：我常常在哪儿吃午饭？　　　　わたしはいつもどこで昼ごはんを
　　　　Wǒ chángcháng zài nǎr chī wǔfàn?　食べますか。

　答：① 在留学生食堂吃晚饭。　　　　留学生食堂で晩ごはんを食べま
　　　　Zài liúxuéshēng shítáng chī wǎnfàn.　す。

　　　② 在外边的饭馆儿吃饭。　　　　外のレストランでごはんを食べま
　　　　Zài wàibian de fànguǎnr chī fàn.　　す。

　　❸ 在留学生食堂吃午饭。　　　　留学生食堂で昼ごはんを食べま
　　　　Zài liúxuéshēng shítáng chī wǔfàn.　す。

　　　④ 在教师食堂吃午饭。　　　　　教員食堂で昼ごはんを食べます。
　　　　Zài jiàoshī shítáng chī wǔfàn.

35 (10) 問：老师打算什么时候带我们去长城？先生はいつわたしたちを長城に連
　　　　Lǎoshī dǎsuan shénme shíhou dài　れていってくれる予定ですか。
　　　　wǒmen qù Chángchéng?

　答：① 上个星期天。Shàng ge xīngqītiān.　先週の日曜日。

　　　② 下个星期六。Xià ge xīngqīliù.　来週の土曜日。

　　　③ 上个星期六。Shàng ge xīngqīliù.　先週の土曜日。

　　❹ 下个星期天。Xià ge xīngqītiān.　来週の日曜日。

筆 記

1 ピンイン表記・声調

解答：(1) ❸　(2) ❶　(3) ❷　(4) ❹　(5) ❶　(6) ❸　(7) ❷　(8) ❶　(9) ❶　(10) ❹

1．2音節の単語の声調パターンが身に付いているかどうかを問うています。声調パターンは91頁の「2音節語の声調の組み合わせ」を繰り返し音読して身に付けましょう。

(2点×5)

(1)　① 杂志 zázhì　　　　　　　（雑誌）
　　　② 学校 xuéxiào　　　　　　（学校）
　　　❸ 啤酒 píjiǔ　　　　　　　（ビール）
　　　④ 寒假 hánjià　　　　　　 （冬休み）

(2)　❶ 作业 zuòyè　　　　　　　（宿題）
　　　② 电车 diànchē　　　　　　（電車）
　　　③ 健康 jiànkāng　　　　　 （健康だ）
　　　④ 大家 dàjiā　　　　　　　（みんな）

(3)　① 以前 yǐqián　　　　　　　（以前）
　　　❷ 公园 gōngyuán　　　　　 （公園）
　　　③ 旅游 lǚyóu　　　　　　　（観光旅行をする）
　　　④ 小学 xiǎoxué　　　　　　（小学校）

(4)　① 厕所 cèsuǒ　　　　　　　（トイレ）
　　　② 日本 Rìběn　　　　　　　（日本）
　　　③ 地铁 dìtiě　　　　　　　（地下鉄）
　　　❹ 去年 qùnián　　　　　　 （去年）

(5)　❶ 欢迎 huānyíng　　　　　　（歓迎する）
　　　② 英语 Yīngyǔ　　　　　　 （英語）
　　　③ 身体 shēngtǐ　　　　　　（体）
　　　④ 开始 kāishǐ　　　　　　 （始める，始まる）

2. ピンインを正確に覚えているかどうかを問うています。正しく発音することが
できるかどうかは，ピンインによるチェックが効果的です。　　　　　（2点×5）

(6) 练习（練習する）

① liànshí　　　② liàngshí　　　❸ liànxí　　　④ liàngxí

(7) 运动（運動する）

① yúndùn　　　❷ yùndòng　　　③ yùntòng　　　④ yòngdòng

(8) 颜色（色）

❶ yánsè　　　② yángsè　　　③ yánsù　　　④ yángsù

(9) 司机（運転手）

❶ sījī　　　② sùjì　　　③ sèjī　　　④ sìjì

(10) 时间（時間）

① xíjiān　　　② shíjiāng　　　③ xǔjiàn　　　❹ shíjiān

---

2 空欄補充

解答：(1)❸　(2)❷　(3)❸　(4)❹　(5)❸　(6)❹　(7)❷　(8)❷　(9)❹　(10)❶

空欄に入る語はいずれも文法上のキーワードです。　　　　　（2点×10）

(1) 请给我两（ 张 ）纸。　　　　　　　わたしに紙を2枚下さい。
　　Qǐng gěi wǒ liǎng zhāng zhǐ.

① 件 jiàn　　　② 把 bǎ　　　❸ 张 zhāng　　　④ 个 ge

　　　量詞の問題です。紙など平らな面を持つものを数えるのに用いる③が
　　正解です。①は上半身に着る衣類や物事，②はナイフや取っ手など握る
　　部分のあるもの，④は人や専用の量詞を持たない名詞を数えます。

(2) 我家（ 离 ）学校很近。　　　　　　わたしの家は学校から近いです。
　　Wǒ jiā lí xuéxiào hěn jìn.

① 从 cóng　　　❷ 离 lí　　　③ 和 hé　　　④ 跟 gēn

51

介詞の問題です。時間的・空間的隔たりの基点を示す②が正解です。①は場所や時間の起点を示し，④は動作を共にする相手を導きます。③は動作を共にする相手を導いたり，動作が及ぶ対象や比較の対象を導きます。また，並列あるいは選択を表す接続詞としても用いられます。

(3) 我是在大学学 （ 的 ） 汉语。
Wǒ shì zài dàxué xué de Hànyǔ.

わたしは大学で中国語を学んだのです。

① 了 le　　　　② 着 zhe　　　　❸ 的 de　　　　④ 过 guo

　　助詞の問題です。すでに行われた動作について，「いつ」「どこで」「だれが」「どのように」行ったかを取り立てて説明する場合，"是…的"構文を用います。ここでは「大学で」という場所が強調されています。①は完了，②は持続，④は過去の経験を表します。

(4) 明天我 （ 给 ） 你打电话。
Míngtiān wǒ gěi nǐ dǎ diànhuà.

あすわたしはあなたに電話します。

① 向 xiàng　　② 往 wǎng　　③ 对 duì　　❹ 给 gěi

　　介詞の問題です。「…に電話をする」は動作の受け手を導く④を用いて "给…打电话" とします。①は「…に向かって」と動作の方向，②は「…の方へ」と動作が向かう方向，③は「…に対して」と動作の対象を示します。

(5) 这里 （ 可以 ） 抽烟吗?
Zhèli kěyǐ chōu yān ma?

ここでたばこを吸ってもいいですか。

① 可能 kěnéng　　② 想 xiǎng　　❸ 可以 kěyǐ　　④ 要 yào

　　助動詞の問題です。③は「…してもかまわない」という意味です。"…吗?" の形で「…してもいいですか」という許可を求める意味になる③が正解です。①は「…かもしれない」，②は「…したい」，④は「…しなければならない」もしくは「…するつもりだ」という意味です。

(6) 快放暑假 （ 了 ）。
Kuài fàng shǔjià le.

もうすぐ夏休みです。

① 吗 ma　　　② 呢 ne　　　③ 的 de　　　❹ 了 le

助詞の問題です。近い将来に起こることをいう場合，確認や変化の語気を表す助詞④を用いて"快…了"とします。①は「…か？」という普通の疑問文を作る語気助詞，②は動作や状態の持続を表す助詞，③は連体修飾語を作る助詞です。

(7) 我 (没有) 去过法国。　　　　　わたしはフランスに行ったことがありません。
　　 Wǒ méiyou qùguo Fǎguó.

　　① 不是 bú shì　　❷ 没有 méiyou　　③ 不 bù　　　　④ 别 bié

　　　　副詞の問題です。動詞"去过"は経験を表します。経験は"没"または"没有"で否定します。①は「…ではない」，③は動詞，形容詞，一部の副詞の前において否定を表します。④は「…するな」と禁止を表します。

(8) 墙上挂 (着) 一张照片。　　　　壁に1枚の写真が掛かっています。
　　 Qiángshang guàzhe yì zhāng zhàopiàn.

　　① 在 zài　　　　❷ 着 zhe　　　③ 得 de　　　　④ 的 de

　　　　「場所＋動詞＋モノ」という語順の存現文で，"挂"（掛かる）という動作の結果が持続していることを表しています。「動詞＋"着"」で「…ている，…てある」と状態の持続を表します。①は動詞であれば「ある，いる」，介詞であれば動作の行われる場所を導き，副詞であれば「…ている」と進行を表します。③は様態補語を導くのに用いられる助詞，④は連体修飾語を作る助詞です。

(9) 你 (又) 来了?　　　　　　　　お前また来たの？
　　 Nǐ yòu lái le?

　　① 再 zài　　　　② 才 cái　　　③ 就 jiù　　　　❹ 又 yòu

　　　　副詞の問題です。すでに実現した動作の繰り返しを表す④が正解です。①は未来の時点における動作の繰り返しを表します。②は何かが実現するのに時間や手数がかかり，「やっとのことで」そうなったことを示し，③は「すぐに，間もなく」動作が行われることを示します。

⑽ 她 （ 怎么 ） 没来?　　　　　　　彼女はなぜ来なかったのですか。

Tā zěnme méi lái?

➊ 怎么 zěnme　　　　　　　　② 什么 shénme

③ 怎么样 zěnmeyàng　　　　　　④ 什么样 shénmeyàng

　　疑問詞の問題です。「"怎么"＋他の成分＋動詞」で原因や理由を表します。②は「何，どんな」，③は性質・方法・状態などがどうであるかを尋ね，④は名詞の前に置いて形やスタイルがどんな様子かを尋ねます。

---

3 語順選択

解答：(1)➊　(2)➌　(3)➋　(4)➍　(5)➊　(6)➊　(7)➊　(8)➋　(9)➍　(10)➊

1．文法上のキーワードを含む基本的な文を正確に組み立てることができるかどうかを問うています。　　　　　　　　　　　　　　　　　　　　　　　（2点×5）

⑴ もう1杯どうぞ。

➊ 再来一杯吧。Zài lái yì bēi ba.

② 再一杯来吧。

③ 一杯再来吧。

④ 来再一杯吧。

　　副詞"再"（再び，もう一度）は動詞の前に置きます。"来"は動詞で，ここでは「飲む」という意味の代わりをしています。数量を表す"一杯"は動詞の後ろに置きます。

⑵ わたしはきのう2時間テレビを見ました。

① 我昨天两个小时看了电视。

② 我两个小时看了电视昨天。

➌ 我昨天看了两个小时电视。Wǒ zuótiān kànle liǎng ge xiǎoshí diànshì.

④ 我电视两个小时看了昨天。

　　時間詞"昨天"は動詞の前に，時間量"两个小时"は動詞の後ろに置きます。動作の量を述べる場合は「動詞＋時量補語＋目的語」の語順です。

⑶ 彼は中国語を話すのがあまりうまくない。

　　① 他不太说汉语说得好。

　　❷ 他说汉语说得不太好。Tā shuō Hànyǔ shuōde bú tài hǎo.

　　③ 他说汉语不说得太好。

　　④ 他不太好说汉语说得。

　　　　「…のしかたが…だ」は，様態補語を使って表現します。動詞が目的
　　　語をとるときの一般的な語順は，"得"を用いて「動詞＋目的語＋同じ
　　　動詞＋"得"＋形容詞フレーズなど」の形で動作の様子や程度がどのよう
　　　であるかを表します。

⑷ わたしはあなたに本を1冊プレゼントします。

　　① 我送给一本书你。

　　② 我送你给一本书。

　　③ 我一本书送你给。

　　❹ 我送给你一本书。Wǒ sònggěi nǐ yì běn shū.

　　　　「動詞＋"给"＋人」の語順で，モノ・コトが誰かに譲渡されることを
　　　表します。"送"は二重目的語をとる動詞で，"给"は動作の受け手を導
　　　く介詞です。語順は動詞に近い方から「人＋モノ・コト」とします。

⑸ きょうはわたしは彼と一緒にごはんを食べます。

　　❶ 今天我跟他一起吃饭。Jīntiān wǒ gēn tā yìqǐ chī fàn.

　　② 今天我吃饭跟他一起。

　　③ 今天我他跟一起吃饭。

　　④ 今天我一起吃饭跟他。

　　　　「彼と」という動作の相手を表す介詞句"跟他"は動詞（句）の前に置
　　　きます。「…と一緒に」は"跟…一起"で表現します。

2. 与えられた語句を用いて正確に文を組み立てることができるかどうかを問うて
います。
(2点×5)

⑹ 前から1人の老人が歩いてきた。

　　② 前面　③ 走来了　[　❶ 一个　]　④ 老人。
Qiánmiàn zǒulaile yí ge lǎorén.

「…に…が存在する」あるいは「…に…が出現する」ということを表現するには存現文を用います。存現文は「主語（場所）＋動詞＋その他の成分＋人・モノ」の語順です。この文では"前面"が場所，"走来"が動詞，"了"がその他の成分，"一个老人"が出現した人です。「1人の老人」は「数詞＋量詞＋名詞」の語順です。

(7) あすわたしの家に遊びにいらっしゃい。

明天　③ 你们　[　❶ 来　]　④ 我家　② 玩儿 吧。
Míngtiān nǐmen lái wǒ jiā wánr ba.

　"来""玩儿"の2つの動詞がある連動文です。連動文は実際に動作を行う順序にフレーズを並べますので"来我家玩儿"とします。時間詞"明天"は動詞の前に置きます。

(8) 妹はわたしより3歳年下です。

妹妹　④ 比　③ 我　[　❷ 小　]　① 三岁。
Mèimei bǐ wǒ xiǎo sān suì.

　「AはBよりどれだけ…だ」は「"A比B"＋形容詞＋差を表す語」で表現します。「3歳年下」は"比我"の後ろに形容詞"小"を用い，差を表す"三岁"をその後に続けて"小三岁"とします。

(9) わたしは北京から来ます。

③ 我　② 从　[　❹ 北京　]　① 来。
Wǒ cóng Běijīng lái.

　介詞"从"は時間や場所の起点を表します。"从北京"で「北京から」，介詞句は述語動詞の前に置きます。

(10) きょうはきのうほど寒くありません。

③ 今天　[　❶ 没有　]　④ 昨天　② 冷。
Jīntiān méiyǒu zuótiān lěng.

　「AはBほど…ない」という比較文の否定形は「"A没有B"＋形容詞」で表現します。

解答：(1) ❸　(2) ❷　(3) ❶　(4) ❷　(5) ❹　(6) ❶

まとまった内容の長文を正確に理解できるかどうかを問うています。

　　我上幼儿园以前，在家都说方言。(6)进幼儿园后，老师教我们说普通话。刚开始学普通话时我出了很多笑话。

　　有一次，妈妈带我去北京玩儿。我们在一 (1)家 饭店吃饭的时候，服务员问我们吃什么，我 (2)对 她说："姐姐，我想吃莴 (huí) 子 (zi) 白 (bái)。"服务员问我："莴子白？莴子白是什么菜？我们这里没有。"我看了看旁边的客 5
人，他们 (3)在 吃莴子白。我就说："姐姐，你看！你们店里有莴子白，那个叔叔吃的就是。"服务员看了后，笑着说："啊，你说的是卷心菜啊！"

　　在家的时候我们都说莴子白，我第一次知道 (4)了 "莴子白"是我们的方言，不是普通话。通过北京的那次经历，我明白了说好普通话的重要性。如果到了外地，不说普通话，别人 (5)就 听不懂你说的话。 10

　　Wǒ shàng yòu'éryuán yǐqián, zài jiā dōu shuō fāngyán. Jìn yòu'éryuán hòu, lǎoshī jiāo wǒmen shuō pǔtōnghuà. Gāng kāishǐ xué pǔtōnghuà shí wǒ chūle hěn duō xiàohua.

　　Yǒu yí cì, māma dài wǒ qù Běijīng wánr. Wǒmen zài yì jiā fàndiàn chī fàn de shíhou, fúwùyuán wèn wǒmen chī shénme, wǒ duì tā shuō: "Jiějie, wǒ xiǎng chī huízibái." Fúwùyuán wèn wǒ: "Huízibái? Huízibái shì shénme cài? Wǒmen zhèli méiyǒu." Wǒ kànlekan pángbiān de kèren, tāmen zài chī huízibái. Wǒ jiù shuō: "Jiějie, nǐ kàn! Nǐmen diànli yǒu huízibái, nàge shūshu chī de jiù shì." Fúwùyuán kànle hòu, xiàozhe shuō: "Ā, nǐ shuō de shì juǎnxīncài a!"

　　Zài jiā de shíhou wǒmen dōu shuō huízibái, wǒ dì-yī cì zhīdao le "huízibái" shì wǒmen de fāngyán, bú shì pǔtōnghuà. Tōngguò Běijīng de nà cì jīnglì, wǒ míngbaile shuōhǎo pǔtōnghuà de zhòngyàoxìng. Rúguǒ dàole wàidì, bù shuō pǔtōnghuà, biéren jiù tīngbudǒng nǐ shuō de huà.

訳：わたしは幼稚園に通う前，家ではいつも方言を話していました。(6)幼稚園に入ると，先生はわたしたちに共通語を教えて下さいました。共通語を学び始めた頃のわたしにはたくさんの笑い話があります。

　　ある時，母がわたしを連れて北京へ遊びに行きました。わたしたちがあるレストランで食事をしたとき，レストランのウェイトレスがわたしに何を食べる

か尋ねました。わたしはウェイトレスに「お姉さん，わたしは"苢子白"が食べたい」と言いました。するとウェイトレスは「"苢子白"？"苢子白"とはどんな料理ですか。うちの店にはありません」と答えました。わたしが隣のお客さんを見てみると，彼らは"苢子白"を食べています。そこでわたしは「お姉さん，見て，お店には"苢子白"があるよ。あのおじちゃんが食べてるのがそう」と言いました。ウェイトレスは見ると笑いながら言いました。「ああ，あなたが言っているのはキャベツのことね。」

　家でわたしたちはいつも"苢子白"と言っていたので，わたしはそこで初めて"苢子白"はわたしたちの方言で，共通語ではないことを知ったのです。あの北京での経験を経て，わたしは共通語をきちんと話すことの重要性を知ることになりました。よその土地に行った時，共通語を話さなければ，他の人はあなたが何を話しているのか分からないのです。

(1) 空欄補充　　　　　　　　　　　　　　　　　　　　　　　　　　　　（3点）

　　① 件 jiàn　　　② 轩 xuān　　　❸ 家 jiā　　　④ 点 diǎn

> 　量詞の問題です。商店などを数える③が正解です。①は上半身に着る衣類や物事，④は時刻をいうほか，提案や意見を数えるのに用います。②は「軒」の簡体字ですが，量詞としては用いません。

(2) 空欄補充　　　　　　　　　　　　　　　　　　　　　　　　　　　　（3点）

　　① 朝 cháo　　　❷ 对 duì　　　③ 给 gěi　　　④ 往 wǎng

> 　介詞の問題です。動作行為の対象を導く②が正解です。①は動作の方向，③は動作の受け手，④は動作が向かう方向を表します。

(3) 空欄補充　　　　　　　　　　　　　　　　　　　　　　　　　　　　（3点）

　　❶ 在 zài　　　② 正 zhèng　　　③ 还 hái　　　④ 再 zài

> 　前後の内容から「彼らは"苢子白"を食べている」という意味だとわかります。動作の進行は「"在"＋動詞」で表現します。②は「まさに」，③は「まだ」や「さらに」，④は未来の時点における動作の繰り返しを表す「また」という意味の副詞です。

(4) 空欄補充 (3点)

① 过 guo ❷ 了 le ③ 着 zhe ④ 的 de

完了を表す助詞②が正解です。①は経験，③は動作の持続，④は連体修飾語を作る助詞です。

(5) 空欄補充 (3点)

① 才 cái ② 刚 gāng ③ 又 yòu ❹ 就 jiù

"如果…就…"（もし…ならば…である）で，ある条件のもと自然に発生する結果を述べます。①は「ようやく」，②は「今しがた」，③は実現済みの繰り返しを表す「また」という意味の副詞です。

(6) 内容不一致 (5点)

❶ 幼儿园的老师不会说普通话。

Yòu'éryuán de lǎoshī bú huì shuō pǔtōnghuà.

幼稚園の先生は共通語を話せない。

② 北京人没听懂我的家乡话。

Běijīngrén méi tīngdǒng wǒ de jiāxiānghuà.

北京の人はわたしの方言が分からない。

③ 说好普通话是非常重要的。

Shuōhǎo pǔtōnghuà shì fēicháng zhòngyào de.

共通語をきちんと話すことは非常に重要なことである。

④ 我当时想吃的就是卷心菜。

Wǒ dāngshí xiǎng chī de jiù shì juǎnxīncài.

わたしがその時食べたかったのはキャベツだ。

"进幼儿园后，老师教我们说普通话" から，①が一致しません。

(1) あなたはコーヒーにしますか，それとも紅茶にしますか。

你喝咖啡还是喝红茶? Nǐ hē kāfēi háishi hē hóngchá?

「A +"还是"+ B ?」で「A かそれとも B か」という選択疑問文を作ります。後ろの"喝"は省略してもかまいません。

(2) わたしは音楽を聴くのが好きです。

我喜欢听音乐。Wǒ xǐhuan tīng yīnyuè.

「…するのが好きだ」は動詞"喜欢"の後ろに動詞句"听音乐"を目的語にとります。"喜欢"の代わりに"爱"を使ってもかまいません。

(3) 彼はわたしたちに日本語を教えています。

他教我们日语。Tā jiāo wǒmen Rìyǔ.

動詞"教"は二重目的語をとり，「間接目的語（…に）＋直接目的語（…を）」の語順になります。

(4) 郵便局は銀行の前にあります。

邮局在银行的前面。Yóujú zài yínháng de qiánmiàn.

「人・モノ +"在"+ 場所」の語順で，ある人・モノがある場所に存在していることを表します。

(5) 彼らはみんながみんな学生ではありません。

他们不都是学生。Tāmen bù dōu shì xuésheng.

「すべてが…というわけではない」という部分否定は副詞"都"を否定詞の後ろに置きます。副詞"都"を否定詞の前に置くか後ろに置くかで，全否定と部分否定とを区別します。

第102回
（2021年3月）

問 題

解答と解説

03 **1** (1)〜(10)の問いの答えとして最も適当なものを，①〜④の中から 1 つ選びなさい。

（50 点）

04 (1)
　　　① 　　　　　② 　　　　　③ 　　　　　④

05 (2)
　　　① 　　　　　② 　　　　　③ 　　　　　④

06 (3)
　　　① 　　　　　② 　　　　　③ 　　　　　④

07 (4)
　　　① 　　　　　② 　　　　　③ 　　　　　④

08 (5)
　　　① 　　　　　② 　　　　　③ 　　　　　④

09 (6)
　　　① 　　　　　② 　　　　　③ 　　　　　④

10 (7)
　　　① 　　　　　② 　　　　　③ 　　　　　④

11 (8)
　　　① 　　　　　② 　　　　　③ 　　　　　④

12 (9)
　　　① 　　　　　② 　　　　　③ 　　　　　④

13 (10)
　　　① 　　　　　② 　　　　　③ 　　　　　④

14 ② 中国語を聞き，(1)～(10)の問いの答えとして最も適当なものを，①～④の中から１つ
選びなさい。　　　　　　　　　　　　　　　　　　　　　　　　　　　　（50点）

15
22

16
23

(1)～(5)の問いは音声のみで，文字の印刷はありません。

17
24
(1)
　　①　　　　　　　　②　　　　　　　　③　　　　　　　　④

18
25
(2)
　　①　　　　　　　　②　　　　　　　　③　　　　　　　　④

19
26
(3)
　　①　　　　　　　　②　　　　　　　　③　　　　　　　　④

20
27
(4)
　　①　　　　　　　　②　　　　　　　　③　　　　　　　　④

21
28
(5)
　　①　　　　　　　　②　　　　　　　　③　　　　　　　　④

63

29
36

30
37

31 (6) 我叫什么名字？
38　　① 　　　　　② 　　　　　③ 　　　　　④

32 (7) 我星期三下午有几节课？
39　　① 　　　　　② 　　　　　③ 　　　　　④

33 (8) 我星期天下午干什么？
40　　① 　　　　　② 　　　　　③ 　　　　　④

34 (9) 我喜欢吃什么？
41　　① 　　　　　② 　　　　　③ 　　　　　④

35 (10) 我的留学生活怎么样？
42　　① 　　　　　② 　　　　　③ 　　　　　④

64

1 1. ⑴〜⑸の中国語①〜④の中から，声調の組み合わせが他と異なるものを1つ選びなさい。

(10点)

(1) ① 发音 ② 时间 ③ 咖啡 ④ 东京

(2) ① 音乐 ② 商店 ③ 开始 ④ 方便

(3) ① 水果 ② 起床 ③ 雨伞 ④ 友好

(4) ① 地铁 ② 报纸 ③ 下午 ④ 姓名

(5) ① 电话 ② 外国 ③ 大学 ④ 练习

2. ⑹〜⑽の中国語の正しいピンイン表記を，①〜④の中から1つ選びなさい。

(10点)

(6) 词典 ① zìtiǎn ② zìdiǎn ③ cítiǎn ④ cídiǎn

(7) 睡觉 ① shuìjué ② shuìjiào ③ suìjué ④ suìjiào

(8) 考试 ① kǎoshǐ ② kǎoshì ③ gǎoshì ④ gǎoshǐ

(9) 网球 ① wāngqiú ② wāngkuí ③ wǎngqiú ④ wǎngkuí

(10) 车站 ① chēzhàn ② chūzàn ③ chēzàn ④ chūzhàn

2 (1)～(10)の中国語の空欄を埋めるのに最も適当なものを，①～④の中から1つ選び
なさい。 (20点)

(1) 那本小说你看（　　　　）了吗?

　　① 会　　　　　　② 在　　　　　　③ 给　　　　　　④ 完

(2) 我家（　　　　）学校不远。

　　① 比　　　　　　② 从　　　　　　③ 离　　　　　　④ 跟

(3) 你喝（　　　　）中国啤酒吗?

　　① 过　　　　　　② 到　　　　　　③ 好　　　　　　④ 多

(4) 我想买一（　　　　）裤子。

　　① 件　　　　　　② 条　　　　　　③ 双　　　　　　④ 张

(5) 她的帽子（　　　　）漂亮了。

　　① 也　　　　　　② 都　　　　　　③ 太　　　　　　④ 真

(6) （　　　　）十二点了，咱们去吃午饭吧。

　　① 又　　　　　　② 刚　　　　　　③ 已经　　　　　④ 还

(7) 吸烟（　　　　）身体不好。

　　① 对　　　　　　② 给　　　　　　③ 跟　　　　　　④ 在

(8) 上海（　　　　）北京冷。

　　① 不是　　　　　② 不用　　　　　③ 不要　　　　　④ 没有

(9) 请问，你的名字（　　　　）读?

　　① 哪儿　　　　　② 怎么　　　　　③ 什么　　　　　④ 多少

(10) 我（　　　　）坐这儿吗?

　　① 会　　　　　　② 想　　　　　　③ 可以　　　　　④ 打算

3 1. (1)〜(5)の日本語の意味に合う中国語を，①〜④の中から１つ選びなさい。

（10点）

(1) わたしたちは一緒に映画を観に行きましょう。

① 我们电影一起看去吧。

② 我们一起去看电影吧。

③ 我们一起去电影看吧。

④ 我们去一起看电影吧。

(2) あなたは何色が一番好きですか。

① 你最喜欢颜色什么?

② 你最什么颜色喜欢?

③ 你喜欢最什么颜色?

④ 你最喜欢什么颜色?

(3) 弟は兄と同じくらいの身長です。

① 弟弟一样高跟哥哥。

② 弟弟高跟哥哥一样。

③ 弟弟跟哥哥一样高。

④ 弟弟跟哥哥高一样。

(4) 彼は毎日地下鉄で通学しています。

① 他坐地铁每天上学。

② 他上学每天坐地铁。

③ 他每天上学坐地铁。

④ 他每天坐地铁上学。

(5) わたしは友達に誕生日プレゼントを買います。

① 我朋友给买生日礼物。

② 我生日礼物买给朋友。

③ 我给朋友买生日礼物。

④ 我给买生日礼物朋友。

2. (6)～(10)の日本語の意味になるように①～④を並べ替えたときに，[　　　]内に入るものを選びなさい。　　　　　　　　　　　　　　　　　　　　　　　　　　　　　　(10点)

(6) わたしはきょう1時間中国語を勉強しました。

我＿＿＿＿＿＿　[＿＿＿＿＿]　＿＿＿＿＿＿　＿＿＿＿＿＿。

① 汉语　　　　　② 学了　　　　　③ 今天　　　　　④ 一个小时

(7) 彼女は赤いセーターを着ています。

她＿＿＿＿＿＿　＿＿＿＿＿＿　[＿＿＿＿＿]　＿＿＿＿＿＿。

① 着　　　　　② 红毛衣　　　　③ 穿　　　　　　④ 一件

(8) 彼は走るのがとても速い。

他＿＿＿＿＿＿　[＿＿＿＿＿]　＿＿＿＿＿＿　＿＿＿＿＿＿。

① 很　　　　　② 得　　　　　　③ 快　　　　　　④ 跑

(9) もう一度言ってください。

请＿＿＿＿＿＿　＿＿＿＿＿＿　[＿＿＿＿＿]　＿＿＿＿＿＿。

① 说　　　　　② 再　　　　　　③ 一遍　　　　　④ 你

(10) その漫画はわたしはまだ読んでいません。

那本漫画＿＿＿＿＿＿　＿＿＿＿＿＿　＿＿＿＿＿＿　[＿＿＿＿＿]。

① 没　　　　　② 还　　　　　　③ 我　　　　　　④ 看

4 次の文章を読み，⑴～⑹の問いの答えとして最も適当なものを，①～④の中から
1つ選びなさい。
(20点)

　　我叫陈欢欢，出生在日本，爸爸是中国人，妈妈是日本人。小学三年级的
时候，有一天，爸爸对我说："爸爸妈妈就要去美国工作了，你也 ⑴ 去美
国上小学了。"我不会说英语，不想去。但是，我不能离开爸妈，只能 ⑵
他们一起到了美国。

　　在美国，第一天去学校，我见到了老师和同学，我听不懂他们说的英语。
班里 ⑶ 一个从中国来的女同学，她用汉语对我说："你好，我叫张小兰，
咱们一起玩儿 ⑷ 。"我听懂了她说的话，但不知道怎么用汉语回答。

　　我回家告诉了妈妈。妈妈说："那你好好儿学汉语，学会了汉语就能 ⑵
她一起玩儿了。"听了妈妈的话，我每个星期天 ⑸ 去中文学校学汉语。两
个月后，我能和小兰说汉语了，我们成了好朋友。妈妈高兴地说："欢欢学会
了汉语，这是来美国的一个意外收获。"

⑴ 空欄⑴を埋めるのに適当なものはどれか。
　　① 想　　　　　② 都　　　　　③ 会　　　　　④ 得

⑵ 2か所の空欄⑵を埋めるのに適当な同一の語はどれか。
　　① 跟　　　　　② 对　　　　　③ 给　　　　　④ 从

⑶ 空欄⑶を埋めるのに適当なものはどれか。
　　① 是　　　　　② 有　　　　　③ 在　　　　　④ 去

⑷ 空欄⑷を埋めるのに適当なものはどれか。
　　① 吧　　　　　② 吗　　　　　③ 呢　　　　　④ 了

⑸ 空欄⑸を埋めるのに適当なものはどれか。
　　① 刚　　　　　② 也　　　　　③ 都　　　　　④ 正

⑹ 本文の内容と一致するものはどれか。

① 和爸爸妈妈去美国，我很高兴。

② 爸爸和妈妈不想去美国工作。

③ 去美国以前，我不太会说汉语。

④ 每个星期天我和小兰玩儿。

⑤ (1)〜(5)の日本語を中国語に訳し，漢字（簡体字）で書きなさい。
（漢字は崩したり略したりせずに書き，文中・文末には句読点や疑問符をつけること。）

(20点)

⑴ トイレはどこですか。

⑵ この料理はとてもおいしい。

⑶ あなたは毎日何時に家に帰りますか。

⑷ あしたも雨が降りますか。

⑸ わたしは月曜日から金曜日まで授業があります。

$$\boxed{\text{リスニング}}$$

$\boxed{1}$ 会 話

解答：(1) ❸　(2) ❸　(3) ❶　(4) ❸　(5) ❹　(6) ❹　(7) ❷　(8) ❶　(9) ❷　(10) ❷

日常会話でよく使われる問いに対し，正確に答えることができるかどうかを問うています。 (5 点 × 10)

04 (1) 問：你下午去图书馆吗?

あなたは午後図書館に行きますか。

　　Nǐ xiàwǔ qù túshūguǎn ma?

　答：① 图书馆在那儿。

図書館はあそこです。

　　　Túshūguǎn zài nàr.

　　② 图书馆很漂亮。

図書館はとてもきれいです。

　　　Túshūguǎn hěn piàoliang.

　　❸ 我不去图书馆。

わたしは図書館に行きません。

　　　Wǒ bú qù túshūguǎn.

　　④ 我没去图书馆。

わたしは図書館に行きませんでした。

　　　Wǒ méi qù túshūguǎn.

05 (2) 問：你去上海，还是去广州?

あなたは上海に行くのですか，それとも広州に行くのですか。

　　Nǐ qù Shànghǎi, háishi qù Guǎngzhōu?

　答：① 我没去过上海。

わたしは上海に行ったことがありません。

　　　Wǒ méi qùguo Shànghǎi.

　　② 我去过一次广州。

わたしは広州に１度行ったことがあります。

　　　Wǒ qùguo yí cì Guǎngzhōu.

　　❸ 我打算去广州。

わたしは広州に行くつもりです。

　　　Wǒ dǎsuan qù Guǎngzhōu.

　　④ 我没去上海。

わたしは上海に行きませんでした。

　　　Wǒ méi qù Shànghǎi.

06 (3) 問：这是谁的词典?

これは誰の辞典ですか。

　　Zhè shì shéi de cídiǎn?

　答：❶ 这是小王的词典。

これは王さんの辞典です。

　　　Zhè shì Xiǎo Wáng de cídiǎn.

② 这是小王的课本。
Zhè shì Xiǎo Wáng de kèběn.

これは王さんの教科書です。

③ 这是汉日词典。
Zhè shì Hàn-Rì cídiǎn.

これは中日辞典です。

④ 这本词典很好。
Zhè běn cídiǎn hěn hǎo.

この辞典はとてもよい。

07 (4) 問：商店里人多不多?
Shāngdiàn li rén duō bu duō?

店には人がたくさんいますか。

答：① 这个商店很大。
Zhège shāngdiàn hěn dà.

この店は大きい。

② 这个商店不大。
Zhège shāngdiàn bú dà.

この店は大きくない。

❸ 商店里人很多。
Shāngdiàn li rén hěn duō.

店には人がたくさんいます。

④ 这里商店很多。
Zhèli shāngdiàn hěn duō.

ここは店がたくさんあります。

08 (5) 問：你去过中国吗?
Nǐ qùguo Zhōngguó ma?

あなたは中国に行ったことがあり
ますか。

答：① 我没有吃过。
Wǒ méiyou chīguo.

わたしは食べたことがありませ
ん。

② 我吃过两次。
Wǒ chīguo liǎng cì.

わたしは2度食べたことがありま
す。

③ 我不是中国人。
Wǒ bú shì Zhōngguórén.

わたしは中国人ではありません。

❹ 我还没有去过。
Wǒ hái méiyou qùguo.

わたしはまだ行ったことがありま
せん。

09 (6) 問：我喝红茶，你呢?
Wǒ hē hóngchá, nǐ ne?

わたしは紅茶を飲みますが，あな
たは？

答：① 你喝什么茶?
Nǐ hē shénme chá?

あなたは何のお茶を飲みますか。

② 你喝咖啡吗?
Nǐ hē kāfēi ma?

あなたはコーヒーを飲みますか。

③ 我也喝咖啡。　　　　　　　　わたしもコーヒーを飲みます。
　　Wǒ yě hē kāfēi.

❹ 我也喝红茶。　　　　　　　　わたしも紅茶を飲みます。
　　Wǒ yě hē hóngchá.

10 (7) 問：你明天几点去学校?　　　　あなたはあした何時に学校に行き
　　　　Nǐ míngtiān jǐ diǎn qù xuéxiào?　　ますか。

　　答：① 我今天七点去学校。　　　わたしはきょう7時に学校に行き
　　　　　Wǒ jīntiān qī diǎn qù xuéxiào.　　ます。

　　　❷ 我明天七点去学校。　　　わたしはあした7時に学校に行き
　　　　　Wǒ míngtiān qī diǎn qù xuéxiào.　　ます。

　　　③ 我每天上午去学校。　　　わたしは毎日午前中に学校に行き
　　　　　Wǒ měi tiān shàngwǔ qù xuéxiào.　　ます。

　　　④ 我骑自行车去学校。　　　わたしは自転車で学校に行きま
　　　　　Wǒ qí zìxíngchē qù xuéxiào.　　す。

11 (8) 問：她说汉语说得怎么样?　　　彼女の中国語はどうですか。
　　　　Tā shuō Hànyǔ shuōde zěnmeyàng?

　　答：❶ 她说汉语说得不错。　　　彼女は中国語を話すのが上手で
　　　　　Tā shuō Hànyǔ shuōde búcuò.　　す。

　　　② 她每天练习说汉语。　　　彼女は毎日中国語を話す練習をし
　　　　　Tā měi tiān liànxí shuō Hànyǔ.　　ています。

　　　③ 她跟她姐姐说汉语。　　　彼女はお姉さんと中国語を話しま
　　　　　Tā gēn tā jiějie shuō Hànyǔ.　　す。

　　　④ 她想去中国学汉语。　　　彼女は中国に行って中国語を勉強
　　　　　Tā xiǎng qù Zhōngguó xué Hànyǔ.　　したいと思っています。

12 (9) 問：你的生日是几月几号?　　　あなたの誕生日は何月何日です
　　　　Nǐ de shēngrì shì jǐ yuè jǐ hào?　　か。

　　答：① 今天是 3 月 20 号。　　　きょうは3月20日です。
　　　　　Jīntiān shì sānyuè èrshí hào.

　　　❷ 我的生日是 3 月 20 号。　わたしの誕生日は3月20日です。
　　　　　Wǒ de shēngrì shì sānyuè èrshí hào.

　　　③ 3 月 20 号是星期六。　　　3月20日は土曜日です。
　　　　　Sānyuè èrshí hào shì xīngqīliù.

④ 明天不是 3 月 20 号。
Míngtiān bú shì sānyuè èrshí hào.

あしたは 3 月 20 日ではありません。

13 ⑽ 問：你每天在哪儿吃午饭?
Nǐ měi tiān zài nǎr chī wǔfàn?

あなたは毎日どこで昼ごはんを食べますか。

答：① 我每天在家吃早饭。
Wǒ měi tiān zài jiā chī zǎofàn.

わたしは毎日家で朝ごはんを食べます。

❷ 我在学生食堂吃午饭。
Wǒ zài xuésheng shítáng chī wǔfàn.

わたしは学生食堂で昼ごはんを食べます。

③ 学生食堂的炒饭很好吃。
Xuésheng shítáng de chǎofàn hěn hǎochī.

学生食堂のチャーハンはとてもおいしい。

④ 我今天想吃炒饭。
Wǒ jīntiān xiǎng chī chǎofàn.

わたしはきょうはチャーハンが食べたい。

2 長文聴解

解答：(1) ❷ (2) ❸ (3) ❷ (4) ❸ (5) ❹ (6) ❷ (7) ❶ (8) ❸ (9) ❸ ⑽ ❷

まとまった分量の中国語を理解できるかどうかを問うています。
小芳たちの長城行きに小龍も同行することになります。
(5点 × 10)

15 小龙：小芳，你去哪儿啊?
Xiǎofāng, nǐ qù nǎr a?

小芳：哦，小龙。(1)我去超市。
Ò, Xiǎolóng. Wǒ qù chāoshì.

小龙：去超市买什么?
Qù chāoshì mǎi shénme?

小芳：买点儿面包和可乐，(2)因为明天要去长城。
Mǎi diǎnr miànbāo hé kělè, yīnwei míngtiān yào qù Chángchéng.

5

小龙：你一个人去长城吗?
Nǐ yí ge rén qù Chángchéng ma?

小芳：不，跟铃木、佐藤一起去。
Bù, gēn Língmù、Zuǒténg yìqǐ qù.

小龙：你们开车去吗?
Nǐmen kāichē qù ma?

小芳：我不会开车，我们打算坐公交车去。
Wǒ bú huì kāichē, wǒmen dǎsuan zuò gōngjiāochē qù.

10

16 小龙：(3)我会开车，你们坐我的车一起去吧。
Wǒ huì kāichē, nǐmen zuò wǒ de chē yìqǐ qù ba.

小芳：那太好了！咱们四个人一起去。 Nà tài hǎo le! Zánmen sì ge rén yìqǐ qù.

小龙：明天几点出发呢？ Míngtiān jǐ diǎn chūfā ne?

小芳：八点半怎么样？ Bā diǎn bàn zěnmeyàng?

小龙：太晚了，(4)<u>七点出发吧。</u> Tài wǎn le, qī diǎn chūfā ba.

小芳：好的。我们在学生食堂等你。 Hǎo de. Wǒmen zài xuésheng shítáng děng nǐ.

小龙：不用，(5)<u>我开车去留学生宿舍，你们在那儿等我吧。</u> Búyòng, wǒ kāichē qù liúxuéshēng sùshè, nǐmen zài nàr děng wǒ ba.

小芳：好吧。那麻烦你了。 Hǎo ba. Nà máfan nǐ le.

訳：

小龍：小芳，どこへ行くの？

小芳：あ，小龍。(1)<u>スーパーに行くの。</u>

小龍：スーパーに行って何を買うの？

小芳：パンとコーラを買うの。(2)<u>あした長城に行くつもりなので。</u>

小龍：きみ1人で長城に行くの？

小芳：いいえ，鈴木さん，佐藤さんと一緒に行くの。

小龍：車で行くの？

小芳：わたしは車の運転ができないから，わたしたちはバスで行くつもりなの。

小龍：(3)<u>ぼくは車の運転ができるから，きみたちはぼくの車で一緒に行こう。</u>

小芳：それはいいわ！4人で一緒に行きましょう。

小龍：あした何時に出発する？

小芳：8時半でどう？

小龍：遅すぎるよ，(4)<u>7時に出発しよう。</u>

小芳：いいわ。わたしたちは学生食堂であなたを待っているわ。

小龍：その必要はないよ。(5)<u>ぼくは車を運転して留学生宿舎に行くから，きみたちはそこでぼくを待っていてよ。</u>

小芳：いいわ，お手数をかけるわね。

17 (1) 問：小芳现在要去哪儿？ 小芳はいまどこへ行こうとしていますか。
　　　　Xiǎofāng xiànzài yào qù nǎr?

　　答：① 她要去长城。 彼女は長城へ行こうとしている。
　　　　　Tā yào qù Chángchéng.

❷ 她要去超市。　　　　　　　彼女はスーパーへ行こうとしている。
Tā yào qù chāoshì.

③ 她要去宿舍。　　　　　　　彼女は宿舎へ行こうとしている。
Tā yào qù sùshè.

④ 她要去食堂。　　　　　　　彼女は食堂へ行こうとしている。
Tā yào qù shítáng.

18 (2) 问：小芳为什么要买面包和可乐?　　小芳はなぜパンとコーラを買おう
Xiǎofāng wèi shénme yào mǎi miànbāo　としているのですか。
hé kělè?

答：① 因为小龙喜欢吃面包。　　　小龍はパンが好きだから。
Yīnwei Xiǎolóng xǐhuan chī
miànbāo.

② 因为小芳喜欢喝可乐。　　　小芳はコーラが好きだから。
Yīnwei Xiǎofāng xǐhuan hē kělè.

❸ 因为明天打算去长城。　　　あした長城に行く予定だから。
Yīnwei míngtiān dǎsuan qù
Chángchéng.

④ 因为想和铃木一起吃。　　　鈴木さんと一緒に食べたいから。
Yīnwei xiǎng hé Língmù yìqǐ chī.

19 (3) 问：他们怎么去长城?　　　　　彼らはどうやって長城に行きますか。
Tāmen zěnme qù Chángchéng?

答：① 走着去。　　　Zǒuzhe qù.　　　歩いて行く。

❷ 开车去。　　　Kāichē qù.　　　車で行く。

③ 坐火车去。　　Zuò huǒchē qù.　　汽車で行く。

④ 坐公交车去。Zuò gōngjiāochē qù.　バスで行く。

20 (4) 问：他们几点出发?　　　　　　彼らは何時に出発しますか。
Tāmen jǐ diǎn chūfā?

答：① 八点。　　　Bā diǎn.　　　　8時。

② 八点半。　　Bā diǎn bàn.　　　8時半。

❸ 七点。　　　Qī diǎn.　　　　　7時。

④ 七点半。　　Qī diǎn bàn.　　　7時半。

21 (5) 問：小芳他们在哪儿等小龙?　　　　　　　小芳たちはどこで小龍を待ちます
　　　　Xiǎofāng tāmen zài nǎr děng Xiǎolóng?　　か。

　　答：① 在超市门口。　　　　　　　　　　　　スーパーの入り口で。
　　　　Zài chāoshì ménkǒu.

　　　　② 在学生食堂。　　　　　　　　　　　　学生食堂で。
　　　　Zài xuésheng shítáng.

　　　　③ 在学校门口。　　　　　　　　　　　　学校の入り口で。
　　　　Zài xuéxiào ménkǒu.

　　　　❹ 在留学生宿舍。　　　　　　　　　　　留学生宿舎で。
　　　　Zài liúxuéshēng sùshè.

加藤さんの上海での留学生活です。

29　　　我姓加藤，(6)叫加藤爱，是日本留学生，现在在上海学习汉语。我学习
很忙，从星期一到星期五，每天上午都有四节课，(7)星期三下午有两节中国
文化课，学习中国的历史和文化。星期六没有课，我有时候去书店买书，有
时候去超市买东西。(8)星期天下午去看电影。

30　　　上海有很多好吃的东西。我们学校食堂的饭菜很便宜。(9)学校附近有一　5
家餐厅，那儿的饺子非常好吃，我很喜欢去那儿吃饺子。学校附近还有一家
日本料理店，在那里可以吃到寿司和生鱼片。我来上海快六个月了，(10)我的
留学生活每天都很快乐。

　　　Wǒ xìng Jiāténg, jiào Jiāténg Ài, shì Rìběn liúxuéshēng, xiànzài zài Shànghǎi
xuéxí Hànyǔ. Wǒ xuéxí hěn máng, cóng xīngqīyī dào xīngqīwǔ, měi tiān shàngwǔ
dōu yǒu sì jié kè, xīngqīsān xiàwǔ yǒu liǎng jié Zhōngguó wénhuà kè, xuéxí
Zhōngguó de lìshǐ hé wénhuà. Xīngqīliù méiyǒu kè, wǒ yǒushíhou qù shūdiàn mǎi
shū, yǒushíhou qù chāoshì mǎi dōngxi. Xīngqītiān xiàwǔ qù kàn diànyǐng.

　　　Shànghǎi yǒu hěn duō hǎochī de dōngxi. Wǒmen xuéxiào shítáng de fàncài hěn
piányi. Xuéxiào fùjìn yǒu yì jiā cāntīng, nàr de jiǎozi fēicháng hǎochī, wǒ hěn
xǐhuan qù nàr chī jiǎozi. Xuéxiào fùjìn hái yǒu yì jiā Rìběn liàolǐdiàn, zài nàli kěyǐ
chīdào shòusī hé shēngyúpiàn. Wǒ lái Shànghǎi kuài liù ge yuè le, wǒ de liúxué
shēnghuó měi tiān dōu hěn kuàilè.

訳：わたしの姓は(6)加藤で，加藤愛と言い，日本の留学生で，いま上海で中国
語を勉強しています。わたしは勉強が忙しく，月曜日から金曜日まで，毎日午
前中に4コマ授業があります。(7)水曜日の午後には中国文化の授業が2コマあ

り，中国の歴史や文化を学びます。土曜日は授業がないので，わたしは本屋へ本を買いに行ったり，スーパーへ買い物に行ったりします。(8)日曜日の午後は映画を観に行きます。

　上海にはおいしい物がたくさんあります。わたしたちの学校の食堂の料理はとても安いです。(9)学校の近くに1軒のレストランがあって，そこのギョーザはとてもおいしいので，わたしはそこへ行ってギョーザを食べるのが好きです。学校の近くには日本料理店も1軒あって，そこでは寿司や刺身を食べることができます。わたしが上海に来てもうすぐ6か月になります。(10)わたしの留学生活は毎日とても楽しいです。

31 (6) 問：我叫什么名字？　　　　　　　　　わたしは何という名前ですか。
　　　　Wǒ jiào shénme míngzi?

　　答：① 我姓加藤。　　　　　　　　　　　わたしの姓は加藤と言います。
　　　　　Wǒ xìng Jiāténg.

　　　❷ 我叫加藤爱。　　　　　　　　　　わたしは加藤愛と言います。
　　　　　Wǒ jiào Jiāténg Ài.

　　　③ 我是留学生。　　　　　　　　　　わたしは留学生です。
　　　　　Wǒ shì liúxuéshēng.

　　　④ 我在北京大学。　　　　　　　　　わたしは北京大学にいます。
　　　　　Wǒ zài Běijīng Dàxué.

32 (7) 問：我星期三下午有几节课？　　　　　わたしは水曜日の午後に何コマ授業がありますか。
　　　　Wǒ xīngqīsān xiàwǔ yǒu jǐ jié kè?

　　答：❶ 两节课。Liǎng jié kè.　　　　　　2コマ。

　　　② 三节课。Sān jié kè.　　　　　　　3コマ。

　　　③ 四节课。Sì jié kè.　　　　　　　　4コマ。

　　　④ 六节课。Liù jié kè.　　　　　　　　6コマ。

33 (8) 問：我星期天下午干什么？　　　　　　わたしは日曜日の午後に何をしますか。
　　　　Wǒ xīngqītiān xiàwǔ gàn shénme?

　　答：① 学历史。Xué lìshǐ.　　　　　　　歴史を学ぶ。

　　　② 学文化。Xué wénhuà.　　　　　　文化を学ぶ。

　　　❸ 看电影。Kàn diànyǐng.　　　　　映画を観る。

　　　④ 去书店。Qù shūdiàn.　　　　　　本屋に行く。

34 (9) 問：我喜欢吃什么？
Wǒ xǐhuan chī shénme?

わたしは何を食べるのが好きですか。

答：① 食堂的饺子。
Shítáng de jiǎozi.

食堂のギョーザ。

② 食堂的寿司。
Shítáng de shòusī.

食堂の寿司。

❸ 餐厅的饺子。
Cāntīng de jiǎozi.

レストランのギョーザ。

④ 餐厅的生鱼片。
Cāntīng de shēngyúpiàn.

レストランの刺身。

35 (10) 問：我的留学生活怎么样？
Wǒ de liúxué shēnghuó zěnmeyàng?

わたしの留学生活はどうですか。

答：① 我经常吃寿司。
Wǒ jīngcháng chī shòusī.

わたしはよく寿司を食べます。

❷ 我每天都很快乐。
Wǒ měi tiān dōu hěn kuàilè.

わたしは毎日とても楽しい。

③ 我每天在食堂吃饭。
Wǒ měi tiān zài shítáng chī fàn.

わたしは毎日食堂で食事をします。

④ 我来上海快一年了。
Wǒ lái Shànghǎi kuài yì nián le.

わたしは上海に来てもうすぐ1年になります。

1 ピンイン表記・声調

> 解答：(1) ❷　(2) ❸　(3) ❷　(4) ❹　(5) ❶　(6) ❹　(7) ❷　(8) ❷　(9) ❸　(10) ❶

1．2 音節の単語の声調パターンが身に付いているかどうかを問うています。声調
パターンは 91 頁の「2 音節語の声調の組み合わせ」を繰り返し音読して身に付け
ましょう。

(2 点 × 5)

(1) ① 发音 fāyīn （発音）
　　❷ 时间 shíjiān （時間）
　　③ 咖啡 kāfēi （コーヒー）
　　④ 东京 Dōngjīng （東京）

(2) ① 音乐 yīnyuè （音楽）
　　② 商店 shāngdiàn （商店）
　　❸ 开始 kāishǐ （始まる，開始する）
　　④ 方便 fāngbiàn （便利だ）

(3) ① 水果 shuǐguǒ （果物）
　　❷ 起床 qǐchuáng （起きる）
　　③ 雨伞 yǔsǎn （雨傘）
　　④ 友好 yǒuhǎo （友好的だ）

(4) ① 地铁 dìtiě （地下鉄）
　　② 报纸 bàozhǐ （新聞）
　　③ 下午 xiàwǔ （午後）
　　❹ 姓名 xìngmíng （氏名）

(5) ❶ 电话 diànhuà （電話）
　　② 外国 wàiguó （外国）
　　③ 大学 dàxué （大学）
　　④ 练习 liànxí （練習する）

2. ピンインを正確に覚えているかどうかを問うています。正しく発音することができるかどうかは，ピンインによるチェックが効果的です。　　　　　　(2点×5)

(6) 词典（辞典）

①　zìtiǎn　　　　②　zìdiǎn　　　　③　cítiǎn　　　　❹　cídiǎn

(7) 睡觉（寝る，眠る）

①　shuìjué　　　❷　shuìjiào　　　③　suìjué　　　④　suìjiào

(8) 考试（試験）

①　kǎoshǐ　　　❷　kǎoshì　　　③　gǎoshì　　　④　gǎoshǐ

(9) 网球（テニス）

①　wāngqiú　　②　wāngkuí　　❸　wǎngqiú　　④　wǎngkuí

(10) 车站（駅，停留所）

❶　chēzhàn　　②　chūzàn　　③　chēzàn　　④　chūzhàn

---

2 空欄補充

解答：(1)❹　(2)❸　(3)❶　(4)❷　(5)❸　(6)❸　(7)❶　(8)❹　(9)❷　(10)❸

空欄に入る語はいずれも文法上のキーワードです。　　　　　　(2点×10)

(1) 那本小说你看（完）了吗?　　　あの小説をあなたは読み終わりました
Nà běn xiǎoshuō nǐ kànwánle ma?　　か。

①　会 huì　　　②　在 zài　　　③　给 gěi　　　❹　完 wán

　　動詞 "看" の後ろに付けて「読み終わる」という動作の結果を表す④
が正解です。①は「できる」，②は「ある，いる」，③は「与える」という意味です。

(2) 我家（离）学校不远。　　　　わたしの家は学校から遠くありませ
Wǒ jiā lí xuéxiào bù yuǎn.　　　ん。

①　比 bǐ　　　②　从 cóng　　　❸　离 lí　　　④　跟 gēn

介詞の問題です。①は「…より」，②は「…から」，④は「…と」という意味です。空間的あるいは時間的な隔たりの基点を表す③が正解です。

(3) 你喝（ 过 ）中国啤酒吗? / あなたは中国のビールを飲んだことありますか。
Nǐ hēguo Zhōngguó píjiǔ ma?

❶ 过 guo　　② 到 dào　　③ 好 hǎo　　④ 多 duō

　過去の経験を表す動態助詞の①が正解です。②の"喝到"は「…を飲むことができる」，③は「よい」で"喝好"は「十分に飲む」，④は「多い」で"喝多"は「飲みすぎ」という意味です。

(4) 我想买一（ 条 ）裤子。 / わたしはズボンを1本買いたい
Wǒ xiǎng mǎi yì tiáo kùzi.

① 件 jiàn　　❷ 条 tiáo　　③ 双 shuāng　　④ 张 zhāng

　量詞の問題です。①は上着類や出来事など，②は細長いものなど，③はペアになっているもの，④は紙など平らな面を持つものなどを数える場合に用います。"裤子"は細長いものですから，②が正解です。

(5) 她的帽子（ 太 ）漂亮了。 / 彼女の帽子はとてもきれいです。
Tā de màozi tài piàoliang le.

① 也 yě　　② 都 dōu　　❸ 太 tài　　④ 真 zhēn

　"太…了"の形で「とても…だ」という意味を表す③が正解です。①は「…も」，②は「みな」，④は「本当に」という意味です。

(6)（ 已经 ）十二点了，咱们去吃午饭吧。 / もう12時だ，昼ごはんを食べに行きましょう。
Yǐjīng shí'èr diǎn le, zánmen qù chī wǔfàn ba.

① 又 yòu　　② 刚 gāng　　❸ 已经 yǐjīng　　④ 还 hái

　副詞の問題です。"已经…了"の形で「もう…だ」という意味を表す③が正解です。①は実現済みの動作の繰り返しに用いる「また」，②は「…したばかり」，④は「まだ」という意味です。

(7) 吸烟 (对) 身体不好。　　　　　　喫烟は体によくありません。
Xī yān duì shēntǐ bù hǎo.

❶ 对 duì　　　② 给 gěi　　　③ 跟 gēn　　　④ 在 zài

　　介詞の問題です。①は「…に対して」，②は「…に」，③は「…と」，
④は「…で」という意味です。動作の対象を導く①が正解です。

(8) 上海 (没有) 北京冷。　　　　　　上海は北京ほど寒くありません。
Shànghǎi méiyǒu Běijīng lěng.

① 不是 bú shì　　② 不用 búyòng　　③ 不要 búyào　　❹ 没有 méiyǒu

　　比較文の否定形は「A +"没有"+ B +("这么/那么")+形容詞」で表
現します。④が正解です。①は「…ではない」，②は「…する必要はな
い」，③は「…してはいけない」という意味です。

(9) 请问，你的名字 (怎么) 读?　　　すみません，お名前はどう読みますか。
Qǐngwèn, nǐ de míngzi zěnme dú?

① 哪儿 nǎr　　❷ 怎么 zěnme　　③ 什么 shénme　　④ 多少 duōshao

　　疑問詞の問題です。①は「どこ」，②は「どのように」あるいは「ど
うして」，③は「何」，④は「どのくらい」という意味です。動詞の直前
に置かれて動作の仕方を尋ねる②が正解です。

(10) 我 (可以) 坐这儿吗?　　　　　　ここに座ってもいいですか。
Wǒ kěyǐ zuò zhèr ma?

① 会 huì　　② 想 xiǎng　　❸ 可以 kěyǐ　　④ 打算 dǎsuan

　　①は「(練習して) できる」あるいは「…するはずだ」，②は「…した
い」，③は「(条件が備わっていて，許可されて) できる」，④は「…す
るつもりだ」という意味です。"…吗?" の形で，「…してもいいです
か」という許可を求める意味になる③が正解です。

解答：(1)**❷**　(2)**❹**　(3)**❸**　(4)**❹**　(5)**❸**　(6)**❷**　(7)**❹**　(8)**❷**　(9)**❶**　(10)**❹**

1. 文法上のキーワードを含む基本的な文を正確に組み立てることができるかどうかを問うています。　　　　　　　　　　　　　　　　　　　　　　（2点×5）

(1) わたしたちは一緒に映画を観に行きましょう。

① 我们电影一起看去吧。

❷ 我们一起去看电影吧。Wǒmen yìqǐ qù kàn diànyǐng ba.

③ 我们一起去电影看吧。

④ 我们去一起看电影吧。

> 　連動文は動作を行う順に動詞を並べます。「一緒に映画を観に行く」は"一起去看电影"です。

(2) あなたは何色が一番好きですか。

① 你最喜欢颜色什么?

② 你最什么颜色喜欢?

③ 你喜欢最什么颜色?

❹ 你最喜欢什么颜色?　Nǐ zuì xǐhuan shénme yánsè?

> 　「一番好き」は「副詞＋動詞」の語順で"最喜欢"，「何色」は"什么颜色"です。

(3) 弟は兄と同じくらいの身長です。

① 弟弟一样高跟哥哥。

② 弟弟高跟哥哥一样。

❸ 弟弟跟哥哥一样高。Dìdi gēn gēge yíyàng gāo.

④ 弟弟跟哥哥高一样。

> 　「AはBと同じくらい…だ」は「A ＋"跟"＋ B ＋"一样"＋形容詞」の語順で表現します。

(4) 彼は毎日地下鉄で通学しています。

    ① 他坐地铁每天上学。

    ② 他上学每天坐地铁。

    ③ 他每天上学坐地铁。

    ❹ 他每天坐地铁上学。Tā měi tiān zuò dìtiě shàngxué.

> 「地下鉄で通学する」は"坐地铁上学"です。"每天"は動作を行う時を表す語ですから，動詞句"坐地铁上学"の前に置きます。

(5) わたしは友達に誕生日プレゼントを買います。

    ① 我朋友给买生日礼物。

    ② 我生日礼物买给朋友。

    ❸ 我给朋友买生日礼物。Wǒ gěi péngyou mǎi shēngrì lǐwù.

    ④ 我给买生日礼物朋友。

> 「…のために…してあげる」は「"给"＋…＋動詞句」の語順で表現します。"给"は動作の受け手を導く介詞です。

2. 与えられた語句を用いて正確に文を組み立てることができるかどうかを問うています。
(2点×5)

(6) わたしはきょう1時間中国語を勉強しました。

我　③ 今天　[　❷ 学了　]　④ 一个小时　① 汉语。

Wǒ jīntiān xuéle yí ge xiǎoshí Hànyǔ.

> 中国語では時間詞は動詞の前に，時間量は動詞の後に置きます。「いつ」を表す"今天"は動詞"学了"の前に，「どれだけ」を表す"一个小时"は動詞の後ろに置きます。動作を行う時間を表現する場合は「動詞＋時量補語＋目的語」の語順に並べます。「1時間中国語を勉強した」は"学了一个小时汉语"です。

(7) 彼女は赤いセーターを着ています。

她　③ 穿　① 着　[　❹ 一件　]　② 红毛衣。

Tā chuānzhe yí jiàn hóng máoyī.

> 「…ている」は持続を表す助詞"着"を使い「動詞＋"着"」とします。"一件"はセーターを数える数量詞で，"毛衣"の前に置きます。

85

⑻ 彼は走るのがとても速い。

他　④ 跑　[❷ 得]　① 很　③ 快。

Tā pǎode hěn kuài.

> 「…のやり方が…だ」という場合は，様態補語を用いて「動詞＋"得"
> ＋形容詞」の語順で表現します。

⑼ もう一度言ってください。

请　④ 你　② 再　[❶ 说]　③ 一遍。

Qǐng nǐ zài shuō yí biàn.

> 「…してください」という "请" は文頭に，副詞 "再" は動詞の前に
> 置き，動作の回数を表す "一遍" は動詞の後に置きます。

⑽ その漫画はわたしはまだ読んでいません。

那本漫画　③ 我　② 还　① 没　[❹ 看]。

Nà běn mànhuà wǒ hái méi kàn.

> 「まだ読んでいない」は "还没看" です。「まだ…していない」という
> 場合，"没" または "没有" を用いて「"还"＋"没(有)"＋動詞＋…」の
> 語順で並べます。

---

4 長文読解

> 解答：⑴ ❹　⑵ ❶　⑶ ❷　⑷ ❶　⑸ ❸　⑹ ❸

まとまった内容の長文を正確に理解できるかどうかを問うています。

　　我叫陈欢欢，出生在日本，爸爸是中国人，妈妈是日本人。小学三年级
的时候，有一天，爸爸对我说："爸爸妈妈就要去美国工作了，你也 (1)得
去美国上小学了。"我不会说英语，不想去。但是，我不能离开爸妈，只能
(2)跟他们一起到了美国。

　　在美国，第一天去学校，我见到了老师和同学，我听不懂他们说的英 5
语。班里 (3)有 一个从中国来的女同学，她用汉语对我说："你好，我叫张
小兰，咱们一起玩儿 (4)吧。" (6)我听懂了她的话，但不知道怎么用汉语回
答。

我回家告诉了妈妈。妈妈说："(6)那你好好儿学汉语，学会了汉语就能 (2)跟 她一起玩儿了。"听了妈妈的话，我每个星期天 (5)都 去中文学校学 10
汉语。两个月后，我能和小兰说汉语了，我们成了好朋友。妈妈高兴地说：
"欢欢学会了汉语，这是来美国的一个意外收获。"

Wǒ jiào Chén Huānhuān, chūshēngzài Rìběn, bàba shì Zhōngguórén, māma shì
Rìběnrén. Xiǎoxué sān niánjí de shíhou, yǒu yìtiān, bàba duì wǒ shuō: "Bàba māma
jiù yào qù Měiguó gōngzuò le, nǐ yě 得 qù Měiguó shàng xiǎoxué le." Wǒ bú huì
shuō Yīngyǔ, bù xiǎng qù. Dànshì, wǒ bù néng líkāi bà mā, zhǐ néng 跟 tāmen
yìqǐ dàole Měiguó.

Zài Měiguó, dì-yī tiān qù xuéxiào, wǒ jiàndàole lǎoshī hé tóngxué, wǒ
tīngbudǒng tāmen shuō de Yīngyǔ. Bānli 有 yí ge cóng Zhōngguó lái de nǚ
tóngxué, tā yòng Hànyǔ duì wǒ shuō: "Nǐ hǎo, wǒ jiào Zhāng Xiǎolán, zánmen yìqǐ
wánr 吧." Wǒ tīngdǒngle tā shuō de huà, dàn bù zhīdào zěnme yòng Hànyǔ huídá.

Wǒ huí jiā gàosule māma. Māma shuō: "Nà nǐ hǎohāor xué Hànyǔ, xuéhuìle
Hànyǔ jiù néng 跟 tā yìqǐ wánr le." Tīngle māma de huà, wǒ měi ge xīngqītiān
都 qù Zhōngwén xuéxiào xué Hànyǔ. Liǎng ge yuè hòu, wǒ néng hé Xiǎolán shuō
Hànyǔ le, wǒmen chéngle hǎo péngyou. Māma gāoxìng de shuō: "Huānhuān
xuéhuìle Hànyǔ, zhè shì lái Měiguó de yí ge yìwài shōuhuò."

訳：わたしは陳歓歓と言い，日本で生まれました。父は中国人で，母は日本人
です。小学3年生のある日，父はわたしに「お父さんとお母さんはもうすぐ仕
事でアメリカに行くことになったから，おまえもアメリカの小学校に通わなく
てはならないよ」と言いました。わたしは英語が話せないので，行きたくあり
ませんでした。でも，わたしは両親から離れることはできないので，両親と一
緒にアメリカにやって来るしかありませんでした。

アメリカで，学校に行った最初の日，わたしは先生とクラスメートに会いま
したが，彼らが話す英語が聞いて分かりませんでした。クラスに中国から来た
女の子がいて，中国語でわたしに「こんにちは，わたしは張小蘭というの。一
緒に遊びましょう」と言いました。(6)わたしは彼女が言ったことを聞いて分か
りましたが，どうやって中国語で答えるのか分かりませんでした。

わたしは家に帰ってそのことを母に話しました。母は(6)「それならあなたは
しっかり中国語を勉強しなさい。中国語ができるようになれば彼女と一緒に遊
べるわよ」と言いました。母のことばに従い，わたしは毎週日曜日に中国語学
校に中国語を学びに行きました。2か月後，わたしは小蘭と中国語で話ができ
るようになり，わたしたちは仲の良い友達になりました。母は「歓歓が中国語

ができるようになったことは，アメリカに来た思わぬ収穫ね」と喜んで言いました。

(1) 空欄補充 (3点)

① 想 xiǎng ② 都 dōu ③ 会 huì ❹ 得 děi

①は「考える」あるいは「…したい」，②は「みな」，③は「（技術があって）…できる」，④は「…しなければならない」という意味です。文の前後関係から④が正解です。

(2) 空欄補充 (4点)

❶ 跟 gēn ② 对 duì ③ 给 gěi ④ 从 cóng

"跟…一起"で「…と一緒に」と動作を共にする相手を導く介詞"跟"①が正解です。②は「…に対して」と動作の対象を，③は「…に」と動作の受け手を，④は「…から」と動作の起点を導く介詞です。

(3) 空欄補充 (3点)

① 是 shì ❷ 有 yǒu ③ 在 zài ④ 去 qù

①は「…です」，②は「…がある」あるいは「…がいる」，③は「…にある」あるいは「…にいる」，④は「行く」という意味です。「…に…がいる」という場合は「場所＋"有"＋人」の語順で表現しますから，②が正解です。

(4) 空欄補充 (3点)

❶ 吧 ba ② 吗 ma ③ 呢 ne ④ 了 le

語気助詞の問題です。「…しましょう」という勧誘の語気を表す①が正解です。①はほかに「…でしょう」という推量を表す場合があります。②は「…か」という疑問，③は「…は？」という疑問など，④は完了や断定の語気や状況の変化を表す助詞です。

(5) 空欄補充 (3点)

① 刚 gāng ② 也 yě ❸ 都 dōu ④ 正 zhèng

　　副詞の問題です。"每个星期天"の"每"と呼応して「(例外なしに)みな」の意味を表す副詞③が正解です。①は「…したばかり」,②は「…も」,④は「ちょうど」という意味です。

(6) 内容の一致 (4点)

① 和爸爸妈妈去美国，我很高兴。

　Hé bàba māma qù Měiguó, wǒ hěn gāoxìng.

　両親とアメリカに行って，わたしはとてもうれしい。

② 爸爸和妈妈不想去美国工作。

　Bàba hé māma bù xiǎng qù Měiguó gōngzuò.

　両親はアメリカに仕事をしに行きたくない。

❸ 去美国以前，我不太会说汉语。

　Qù Měiguó yǐqián, wǒ bú tài huì shuō Hànyǔ.

　アメリカに行く前，わたしは中国語があまり話せなかった。

④ 每个星期天我和小兰玩儿。

　Měi ge xīngqītiān wǒ hé Xiǎolán wánr.

　毎週日曜日にわたしは小蘭と遊びます。

　　①は第1段落の"我不会说英语，不想去"と，④は最終段落の"我每个星期天都去中文学校学汉语"と一致しません。文中には②に関する内容はありません。③が第2段落の"我听懂了她说的话，但不知道怎么用汉语回答"，最終段落の"那你好好儿学汉语，学会了汉语就能跟她一起玩儿了"と一致します。

(4点×5)

(1) トイレはどこですか。

厕所在哪儿？ Cèsuǒ zài nǎr?

> 「…は…にある・いる」は「主語＋“在”＋場所」の語順で表現します。「トイレ」は“卫生间”“洗手间”，「どこ」は“哪里”“什么地方”などと訳すこともできます。

(2) この料理はとてもおいしい。

这个菜很好吃。 Zhège cài hěn hǎochī.

> 食べ物が「おいしい」は“好吃”です。「とても」は“真”“非常”，「おいしい」は“香”と訳すこともできます。

(3) あなたは毎日何時に家に帰りますか。

你每天几点回家？ Nǐ měi tiān jǐ diǎn huí jiā?

> 「いつ…する」は日本語と同様に時間を表す語を動詞の前に置きます。「何時に家に帰る」は“几点回家”です。“你”と“每天”は語順を入れ替えてもかまいません。

(4) あしたも雨が降りますか。

明天也下雨吗？ Míngtiān yě xià yǔ ma?

> 「雨が降る」のような自然現象は「動詞＋自然物」の語順で表しますので“下雨”と言います。時間詞“明天”は動詞の前に置きます。

(5) わたしは月曜日から金曜日まで授業があります。

我从星期一到星期五（都）有课。 Wǒ cóng xīngqīyī dào xīngqīwǔ dōu yǒu kè.

> 「…から…まで」は“从…到…”という構文を用います。曜日は“周…”“礼拜…”を使ってもかまいません。「授業がある」は“上课”と訳すこともできます。

2 音節語の声調の組み合わせ

　中検 4 級および 3 級の試験において，これまでに声調の組み合わせを問う問題として出題された単語の一部を下に掲げる。各組み合わせ 3 語のうち初めの 2 語は名詞，後の 1 語は動詞または形容詞である。繰り返し音読して 2 音節語の声調の組み合わせを身に付けられたい。

① 第 1 声＋第 1 声

- □ 飞机 fēijī　　　　飛行機
- □ 公司 gōngsī　　　会社
- □ 开车 kāichē　　　車を運転する

② 第 1 声＋第 2 声

- □ 公园 gōngyuán　公園
- □ 新闻 xīnwén　　ニュース
- □ 帮忙 bānmáng　手伝う

③ 第 1 声＋第 3 声

- □ 黑板 hēibǎn　　黒板
- □ 铅笔 qiānbǐ　　　鉛筆
- □ 开始 kāishǐ　　　始める

④ 第 1 声＋第 4 声

- □ 工作 gōngzuò　仕事，業務
- □ 商店 shāngdiàn 商店，店
- □ 关照 guānzhào　世話をする

⑤ 第 1 声＋軽声

- □ 窗户 chuāng·hu　窓
- □ 西瓜 xī·guā　　　スイカ
- □ 商量 shāng·liang 相談する

⑥ 第 2 声＋第 1 声

- □ 房间 fángjiān　　部屋，ルーム
- □ 毛巾 máojīn　　　タオル
- □ 滑冰 huábīng　　スケートをする

⑦ 第 2 声＋第 2 声

- □ 银行 yínháng　　銀行
- □ 邮局 yóujú　　　郵便局
- □ 学习 xuéxí　　　学習する

⑧ 第 2 声＋第 3 声

- □ 啤酒 píjiǔ　　　ビール
- □ 苹果 píngguǒ　　リンゴ
- □ 游泳 yóuyǒng　泳ぐ

⑨ 第 2 声＋第 4 声

- □ 节目 jiémù　　　番組
- □ 名片 míngpiàn　名刺
- □ 同意 tóngyì　　　同意する

⑩ 第 2 声＋軽声

- □ 名字 míng·zi　　名前
- □ 朋友 péng·you　友人
- □ 觉得 jué·de　　　覚える，感じる

〈軽声について〉 軽声になる音節の前には chuāng·hu（窗户）のように・印を付けてある。xī·guā（西瓜），fù·qīn（父亲）のように・印の後の音節に声調が付いているものは，その音節が場合によって軽声にも非軽声にも発音されることを示している。

11 第3声＋第1声
- □ 老师 lǎoshī　　（学校の）先生
- □ 手机 shǒujī　　携帯電話
- □ 打工 dǎgōng　　アルバイトをする

12 第3声＋第2声
- □ 导游 dǎoyóu　　旅行ガイド
- □ 法国 Fǎguó　　フランス
- □ 旅行 lǚxíng　　旅行する

13 第3声＋第3声
- □ 手表 shǒubiǎo　　腕時計
- □ 水果 shuǐguǒ　　果物
- □ 洗澡 xǐzǎo　　入浴する

14 第3声＋第4声
- □ 比赛 bǐsài　　競技，試合
- □ 领带 lǐngdài　　ネクタイ
- □ 访问 fǎngwèn　　訪ねる

15 第3声＋軽声
- □ 耳朵 ěr·duo　　耳
- □ 眼睛 yǎn·jing　　目
- □ 喜欢 xǐ·huan　　好む，愛する

16 第4声＋第1声
- □ 电梯 diàntī　　エレベーター
- □ 面包 miànbāo　　パン
- □ 上班 shàngbān　　出勤する

17 第4声＋第2声
- □ 课文 kèwén　　テキストの本文
- □ 地图 dìtú　　地図
- □ 上学 shàngxué　　学校へ行く

18 第4声＋第3声
- □ 报纸 bàozhǐ　　新聞
- □ 电脑 diànnǎo　　コンピューター
- □ 跳舞 tiàowǔ　　ダンスをする

19 第4声＋第4声
- □ 电视 diànshì　　テレビ
- □ 饭店 fàndiàn　　ホテル
- □ 毕业 bìyè　　卒業する

20 第4声＋軽声
- □ 父亲 fù·qīn　　お父さん
- □ 豆腐 dòu·fu　　豆腐
- □ 告诉 gào·su　　告げる，知らせる

中国語検定試験について

　一般財団法人 日本中国語検定協会が実施し，中国語運用能力を認定する試験です。受験資格の制限はありません。また，目や耳，肢体などが不自由な方には特別対応を講じます。中国語検定試験の概要は以下のとおりです。詳しくは後掲（p.96）の日本中国語検定協会のホームページや，協会が発行する「受験案内」をご覧いただくか，協会に直接お問い合わせください。

認定基準と試験内容

準4級	**中国語学習の準備完了** 学習を進めていく上での基礎的知識を身につけていること。 （学習時間60〜120時間。一般大学の第二外国語における第一年度前期修了，高等学校における第一年度通年履修，中国語専門学校・講習会などにおける半年以上の学習程度。） 基礎単語約500語（簡体字を正しく書けること），ピンイン（表音ローマ字）の読み方と綴り方，単文の基本文型，簡単な日常挨拶語約50〜80。
4　級	**中国語の基礎をマスター** 平易な中国語を聞き，話すことができること。 （学習時間120〜200時間。一般大学の第二外国語における第一年度履修程度。） 単語の意味，漢字のピンイン（表音ローマ字）への表記がえ，ピンインの漢字への表記がえ，常用語500〜1,000による中国語単文の日本語訳と日本語の中国語訳。
3　級	**自力で応用力を養いうる能力の保証（一般的事項のマスター）** 基本的な文章を読み，書くことができること。 簡単な日常会話ができること。 （学習時間200〜300時間。一般大学の第二外国語における第二年度履修程度。） 単語の意味，漢字のピンイン（表音ローマ字）への表記がえ，ピンインの漢字への表記がえ，常用語1,000〜2,000による中国語複文の日本語訳と日本語の中国語訳。
2　級	**実務能力の基礎づくり完成の保証** 複文を含むやや高度な中国語の文章を読み，3級程度の文章を書くことができること。 日常的な話題での会話が行えること。 単語・熟語・慣用句の日本語訳・中国語訳，多音語・軽声の問題，語句の用法の誤り指摘，100〜300字程度の文章の日本語訳・中国語訳。

準1級	**実務に即従事しうる能力の保証（全般的事項のマスター）** 社会生活に必要な中国語を基本的に習得し，通常の文章の中国語訳・日本語訳，簡単な通訳ができること。 （一次）新聞・雑誌・文学作品・実用文などやや難度の高い文章の日本語訳・中国語訳。 （二次）簡単な日常会話と口頭での中文日訳及び日文中訳など。
1 級	**高いレベルで中国語を駆使しうる能力の保証** 高度な読解力・表現力を有し，複雑な中国語及び日本語（例えば挨拶・講演・会議・会談など）の翻訳・通訳ができること。 （一次）時事用語も含む難度の高い文章の日本語訳・中国語訳。熟語・慣用句などを含む総合問題。 （二次）日本語と中国語の逐次通訳。

日程と時間割

　準4級，4級，3級，2級及び準1級の一次試験は3月，6月，11月の第4日曜日の年3回，1級の一次試験は11月の第4日曜日の年1回実施します。

　一次試験は次の時間割で実施し，午前の級と午後の級は併願できます。

午　前			午　後		
級	集合時間	終了予定時間	級	集合時間	終了予定時間
準4級		11:15	4 級		15:25
3 級	10:00	11:55	2 級	13:30	15:45
準1級		12:15	1 級		15:45

　準1級と1級の二次試験は，一次試験合格者を対象に，一次が3月，6月の場合は5週間後，一次が11月の場合は1月の第2日曜日に実施します。（協会ホームページに日程掲載）

受験会場

　全国主要都市に35か所，海外は北京，上海，台北，シンガポールの4か所を予定しています（2021年5月現在）。二次試験は，準1級・1級を東京と大阪で実施します。

受験料

郵送またはインターネットで受付けます。

準4級	3,500 円
4 級	4,800 円
3 級	5,800 円
2 級	7,800 円
準1級	9,800 円
1 級	11,800 円

(2021 年 5 月現在)

出題・解答の方式，配点，合格基準点

級	種類	方式	配点	合格基準点
準4級	リスニング	選択式	50 点	60 点
	筆 記	選択式・記述式	50 点	
4 級	リスニング	選択式	100 点	60 点
	筆 記	選択式・記述式	100 点	60 点
3 級	リスニング	選択式	100 点	65 点
	筆 記	選択式・記述式	100 点	65 点
2 級	リスニング	選択式	100 点	70 点
	筆 記	選択式・記述式	100 点	70 点
準1級	リスニング	選択式・記述式	100 点	75 点
	筆 記	選択式・記述式	100 点	75 点
1 級	リスニング	選択式・記述式	100 点	85 点
	筆 記	選択式・記述式	100 点	85 点

・解答は，マークシートによる選択式及び一部記述式を取り入れています。また，
録音によるリスニングを課し，特に準1級・1級にはリスニングによる書き取
りを課しています。

・記述式の解答は，簡体字の使用を原則としますが，2級以上は特に指定された場合を除き，簡体字未習者の繁体字の使用は妨げません。但し，字体の混用は減点の対象となります。

・4級～1級は，リスニング・筆記ともに合格基準点に達していないと合格できません。準4級は合格基準点に達していてもリスニング試験を受けていないと不合格となります。

・合格基準点は，難易度を考慮して調整されることがあります。

二次試験内容

　準1級は，面接委員との簡単な日常会話，口頭での中文日訳と日文中訳，指定されたテーマについての口述の3つの試験を行い，全体を通しての発音・イントネーション及び語彙・文法の運用能力の総合的な判定を行います。10～15分程度。合格基準点は75点／100点

　1級は，面接委員が読む中国語長文の日本語訳と，日本語長文の中国語訳の2つの試験を行います。20～30分程度。合格基準点は各85点／100点

一般財団法人 日本中国語検定協会

〒103-8468　東京都中央区東日本橋 2-28-5 協和ビル

Tel：０３－５８４６－９７５１

Fax：０３－５８４６－９７５２

ホームページ：http://www.chuken.gr.jp

E-mail：info@chuken.gr.jp

試験結果データ（2020 年度実施分）

L：リスニング　W：筆記　口試 1：中文日訳　口試 2：日文中訳

第100回	準 4 級	4 級	3 級	2 級	準 1 級	準 1 級二次	1 級一次	1 級二次
		L / W	L / W	L / W	L / W	口試	L / W	口試1/口試2
合格基準点	60	60/60	65/65	70/70	75/75	75	−	−
平均点	75.8	69.9/67.7	65.7/68.2	69.8/67.0	71.8/71.4	88.4	−	−
志願者数	1,002	1,600	1,776	878	281	100	−	−
受験者数	806	1,305	1,444	754	254	93	−	−
合格者数	657	795	673	292	95	89	−	−
合格率	81.5%	60.9%	46.6%	38.7%	37.4%	95.7%	−	−

第101回	準 4 級	4 級	3 級	2 級	準 1 級一次	準 1 級二次	1 級一次	1 級二次
		L / W	L / W	L / W	L / W	口試	L / W	口試1/口試2
合格基準点	60	60(55)/60(55)	65(60)/65	70/70(65)	75/75(70)	75	85/85	85/85
平均点	72.6	61.2/67.3	63.8/71.4	62.0/61.4	66.2/56.9	88.7	68.1/69.4	85.7/76.7
志願者数	2,333	2,732	2,995	1,751	546	99	212	16
受験者数	2,108	2,340	2,614	1,567	481	88	195	13
合格者数	1,692	1,305	1,381	474	95	86	14	6
合格率	80.3%	55.8%	52.8%	30.2%	19.8%	97.7%	7.2%	46.2%

第102回	準 4 級	4 級	3 級	2 級	準 1 級一次	準 1 級二次	1 級一次	1 級二次
		L / W	L / W	L / W	L / W	口試	L / W	口試1/口試2
合格基準点	60	60/60	65/65	70/70	75/75	75	−	−
平均点	69.1	64.9/72.2	66.8/69.5	67.9/67.1	73.6/67.2	87.4	−	−
志願者数	1,789	2,719	2,591	1,405	443	133	−	−
受験者数	1,554	2,314	2,255	1,274	399	130	−	−
合格者数	1,094	1,356	1,074	485	127	127	−	−
合格率	70.4%	58.6%	47.6%	38.1%	31.8%	97.7%	−	−

※　二次志願者数には，一次試験免除者を含みます。
※　合格基準点欄（　）内の数字は，難易度を考慮して当該回のみ適用された基準点です。

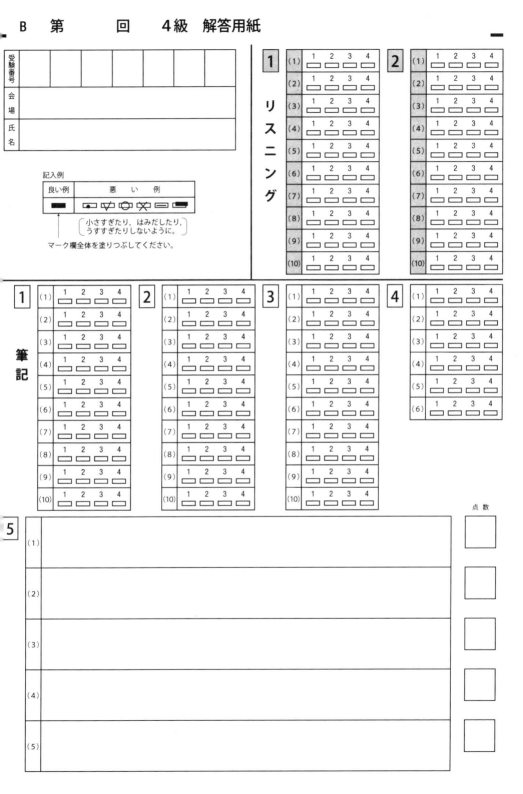

カバーデザイン：トミタ制作室

音声ダウンロード

中検4級試験問題2021［第100・101・102回］解答と解説

2021 年 6 月 3 日　初版印刷
2021 年 6 月 10 日　初版発行

編　者　一般財団法人 日本中国語検定協会
発行者　佐藤康夫
発行所　白 帝 社

〒 171-0014　東京都豊島区池袋 2-65-1
TEL 03-3986-3271　FAX 03-3986-3272
info@hakuteisha.co.jp　http://www.hakuteisha.co.jp/
印刷 倉敷印刷(株)／製本 (株)ティーケー出版印刷

本物の中国語の発音を目指す学習者のために

音声ダウンロード

呉志剛先生の
中国語発音教室
声調の組合せ徹底練習

上野恵司 監修　呉志剛 著

■模範朗読を聴きながら，四声の組合せ，および音
声と音声とをつなげて発音するリズムとコツを身につけ，
更に滑らかな本物の中国語の発音を目指します。

◆ A5 判　128p
◆定価［本体 2200 円＋税］

ISBN　978-4-86398-207-9

白帝社刊